# LA
# FORTIFICATION DE L'AVENIR.

## INNOVATIONS DANS L'ART
### DE LA
## FORTIFICATION, BASÉES SUR L'EMPLOI DU FER.

## APPLICATION
### AUX
# FORTS DE POSITIONS.

#### PAR
M<sup>r</sup> LE COLONEL D'ÉTAT-MAJOR

## A. L. CAMBRELIN.

Monsieur le Chancelier (de Hardenberg),
Je vous envoie le plan (de Schärnhorst). Si vous
l'examinez avec votre seul bon sens et vos lumières,
vous le trouverez excellent. Mais si vous le montrez à
un militaire, tout est perdu.
GNEISENAU. — 1815.

---

## TOME PREMIER. — TEXTE.

GAND
LIBRAIRIE GÉNÉRALE DE AD. HOSTE
RUE DES CHAMPS, 49

PARIS
BERGER-LEVRAULT & Cie LIBRAIRES-ÉDITEURS
RUE DES BEAUX-ARTS, 5

1885

# LA FORTIFICATION DE L'AVENIR

*Déposé conformément à la loi.*

Gand, imp. C. Annoot-Braeckman, Ad. Hoste succr.

# LA
# FORTIFICATION DE L'AVENIR.

## INNOVATIONS DANS L'ART

DE LA

## FORTIFICATION, BASÉES SUR L'EMPLOI DU FER.

# APPLICATION

AUX

# FORTS DE POSITIONS.

PAR

Mr LE COLONEL D'ÉTAT-MAJOR

## A. L. CAMBRELIN.

Monsieur le Chancelier (de Hardenberg),

Je vous envoie le plan (de Scharnhorst). Si vous l'examinez avec votre seul bon sens et vos lumières, vous le trouverez excellent. Mais si vous le montrez à un militaire, tout est perdu.

GNEISENAU. — 1815.

---

## TOME PREMIER. — TEXTE.

---

GAND
LIBRAIRIE GÉNÉRALE DE AD. HOSTE
RUE DES CHAMPS, 49

PARIS
BERGER-LEVRAULT & Cie LIBRAIRES-ÉDITEURS
RUE DES BEAUX-ARTS, 5

1885

— v —

# ERRATAS.

| Page | ligne | au lieu de | il faut |
|---|---|---|---|
| 10 | 22 | Sur trente | Pour trente |
| 23 | 8 | cela | ce |
| 31 | 5e manchette | $\frac{14}{VII}$ | $\frac{1}{VIII}$ |
| 31 | 6e » | $\frac{10}{VI}$ | à supprimer |
| 31 | 8e » | $\frac{17}{VII}$ | à supprimer |
| 82 | manchette | » | ajouter $F\frac{5}{V}$ |
| 114 | 1re manchette | » | compléter $F\frac{7}{III}$ |
| 141 | 10 | ; | » |
| 150 | 2 | frappant | touchant |
| 152 | 17 | 0,50, 1,00 | 0,50 |

# AVANT-PROPOS.

La matière de cet ouvrage (*) répond au chap. II du Titre IIᵈ d'un travail précédent, intitulé « *Cavalerie et Forteresses* », et devait primitivement être imprimé en faisant un tout avec lui.

Son importance donna à mes amis dévoués (*rara avis*) la pensée qu'il serait rationnel de

(*) Commencé au lendemain de la guerre franco-allemande — soit en 1871 —, il était achevé en 1876 et mis, *dès cette époque,* en circulation pour en provoquer l'étude.

chercher à en retirer un profit pécuniaire. Mes scrupules, que ce conseil inattendu faisait naître en moi, furent promptement (je n'éprouve nulle difficulté à en convenir) apaisés par les arguments dont on étayait cette opinion et dont un des plus propres à faire cesser mon hésitation est que, en tous pays, sauf un seul peut-être, les hauts-personnages (diplomates, ministres, généraux et autres fonctionnaires) ayant rendu des services considérables, acceptaient bien — quoique n'ayant fait qu'accomplir leur devoir et ayant reçu le salaire régulier attaché à leur emploi — des apanages, dotations ou tous autres avantages matériels exceptionnels.

Des coutumes ou des préjugés excluraient-ils donc les fonctionnaires d'un rang modeste du droit d'ambitionner de semblables avantages?

Ce n'est pas que nous dédaignions les honneurs et distinctions ; nous sommes bien de notre époque, et nous professons l'estime nécessaire pour ses usages et traditions. Mais ces récompenses d'apparat recherchent, d'habitude, les situations, dorées déjà ;

elles en peuvent être le corollaire, — pas des autres.

Il m'était donc démontré que, sans forfaire aux convenances ou à la délicatesse, j'étais autorisé à exploiter les acquêts de mon travail — après avoir accompli mes obligations professionnelles envers mon Gouvernement —, avec autant de droit que les capitalistes ou les ingénieurs mettent en valeur, pour le bien de l'humanité, de leur pays et d'eux-mêmes, les dons matériels ou intellectuels que la nature leur a départis.

Le moyen le plus pratique et le plus fructueux de faire produire mes innovations me fut suggéré par le chef d'une usine importante ; c'était de rechercher le patronage d'un établissement industriel, lequel se fût intéressé à l'œuvre pour le métal à fournir. En tout temps, c'est une bonne fortune pour une usine que d'avoir de la matière à manipuler — surtout de la matière de guerre.

Ce l'est plus encore en temps de crise industrielle où, par une coïncidence bizarre, nous nous présentions avec nos projets.

Cependant aucune des nombreuses tentatives que je fis dans ce sens n'aboutit. La signification générale des réponses qui me furent faites peut être rendue comme suit : « Ou ces propositions ne sont pas sérieuses et, dans ce cas, nous regretterions de nous en être mêlés ; — ou elles ont une valeur réelle, s'il en était ainsi elles feront bien leur chemin toutes seules ».

Quelques-uns ajoutèrent : « Ce qui serait surprenant venant d'un officier d'un petit pays », ignorant sans doute que de Moltke.... mieux encore : que Napoléon 1er, dont le nom a fait un certain bruit — soit à l'un, soit à l'autre desquels, du reste, je n'ai pas l'outrecuidance de me comparer —, est issu d'un pays dont l'étendue atteint à peine le tiers de la Belgique. Son cas est donc plus surprenant encore.

On ne peut contester la prudence pratique de ces réserves, ni la blâmer.

Repoussé de ce côté, il ne restait qu'à m'adresser directement aux Gouvernements. Mais la voie pour y arriver n'était pas facile.

J'échouai de même.

Mon travail parvint-il même à sa destination *efficace?* Peut-être....! malgré les efforts des références respectables qui mettaient au service de notre cause presque de la passion. D'ailleurs il est concevable que, à une époque d'innovations innombrables, sérieuses ou futiles, la vue d'un volumineux mémoire, manuscrit (et, vis-à-vis de la plupart des pays, dans un idiôme étranger), accompagné d'une dizaine de plans de grandes dimensions, et, surtout, signé d'un nom dépourvu de notoriété, produise de l'épouvante dans les bureaux — première, et parfois unique, étape de l'instruction de toute affaire.

Ainsi s'écoulèrent les années 1876 à 1881.

Je remercie ici vivement mes honorables correspondants du bon vouloir et du dévouement qu'ils m'ont témoignés pour mener à bonne fin ces négociations dont nous retraçons ici le souvenir. Les échecs qu'ils n'ont pu m'éviter se comprennent parfaitement dans une matière aussi délicate et pour un objet qui n'est pas immédiatement maniable à l'instar d'un canon, d'une torpille, d'un obus, d'un revolver, d'une cartouche, etc. Je regrette les ennuis qu'ils ont éprouvés, sans doute, et dont j'ai été la cause.

En somme, le peu qu'ils ont pu savoir des raisons qui faisaient décliner toutes propositions d'examen, se résume en ces généralités concises : « On ne se soucie de se préoccccuper que d'innovations ayant fait leurs preuves », et : « l'auteur ferait peut-être sagement de les faire adopter tout d'abord dans son propre pays »

Certes ce langage et ce conseil sont judicieux; mais ils ne rapprochent pas la solution d'une coudée, car les petits pays règlent leurs gestes sur ce que font les grands, *et ne les devancent jamais.* Il y a aussi, à le suivre, d'autres empêchements, d'une nature discrète, qu'il ne serait ni utile ni convenable d'exposer ici. Sous un autre aspect, pour qu'il pût faire construire, de ses ressources personnelles, un spécimen de front et le soumettre aux essais indispensables, il faudrait à l'auteur ce qu'il n'a pas : les trésors d'Aladin ou de Monte-Christo.

J'avais pourtant caressé, dans une certaine

mesure la pensée de succès, moins à un point de vue égoïste que pour la satisfaction de deux sentiments (cet aveu ne vise à aucun effet théâtral) qui me tenaient au cœur. D'un côté, je considérais que c'était une réparation du sort envers mon vieux père, presque nonagénaire, qui, ayant dépensé généreusement tout ce qu'il avait possédé pour faire de ses enfants mieux que des manouvriers aisés, aurait ainsi reçu, au déclin de sa vie, la récompense de sacrifices que ses hauts sentiments lui avaient fait accomplir sans bruit et avec modestie.

D'un autre côté, c'était la perspective d'un brillant avenir pour mes propres enfants, avenir qui ne fût pas le fruit *du hasard*, mais celui de mon industrie loyale à laquelle j'avais voué toute mon énergie.

Les voies propres à donner un corps à ces espérances m'étaient donc fermées, sans enquête.

Je n'en fus pas bien grandement surpris. C'est, en effet, affaire de chance personnelle, et je n'ai à accuser que ma mauvaise étoile — qui ne se doute bien sûr pas de ma malédiction.

Il est incontestable que le succès s'accroche obstinément à certaines individualités, toujours les mêmes ; elles pourront oser, même l'impossible, sans jamais encourir d'échec. Au contraire, d'autres natures le font fuir à l'instar du chien légendaire du « Seigneur-de-Nivelles ». L'expérience m'a, depuis longtemps, appris que je suis du nombre de ces derniers, en bonne et nombreuse compagnie du reste. Quelque philosophe ferait acte humanitaire d'en dresser la liste. Parmi les plus connus on cite : COLOMB qu'un *moine obscur* réussit à faire triompher un moment ; — FULTON, qui, après bien des traverses, eut le bonheur de surnager ; c'est à son sujet que le César des temps modernes écrivait à son préfet de police : « *Débarrassez-moi de ce maniaque* » ; — SAUVAGE, qui est mort à la peine, après avoir vu ses conceptions mises debout et exploitées par d'autres ; — etc.; etc.

Auquel des trois ressemblerai-je par le destin qu'auront mes propositions ? Au dernier sans doute, car déjà certaines de mes idées sur d'autres objets ont été reprises et prônées, *sans même que mon nom fût cité*, par des personnes desquelles on ne pouvait s'attendre à cette *étourderie*(*).

Je ne cours pourtant pas le risque de devenir aussi malheureux que lui, car mes modestes ressources assurent ma subsistance, sans le secours de la prison.

Il m'a paru inutile de tomber dans un sot désespoir, mais plus sain de me réfugier dans la philosophie naturelle qui porte la créature convenablement douée à se résigner devant les obstacles trop pondéreux pour être déblayés du chemin par ses seuls efforts. Il me restait, du reste, un résultat non moins noble — quoique simplement relatif à ma personne — à obtenir. Si, en effet, tout espoir de succès s'est dissipé au point de vue de l'intérêt matériel concret, cet espoir n'est pas encore perdu sous le point de vue des jouissances purement abstraites — celui que j'avais envisagé tout d'abord —, que donne une parcelle de célébrité lorsque les idées émises ont la bonne fortune

---

(*) Ce que Virgile traduisit, on le sait, par le sixain suivant :

« *Sic vos non vobis* ........ »
« *Sic vos non vobis* ........ »
(Ainsi six fois répété).

de percer. Restreint à cette limite, il sera encore une revanche précieuse à mes mécomptes professionnels antérieurs.

Pour me le ménager, il convenait de ne pas ensevelir mon travail dans une tombe prématurée en le gardant par devers moi en manuscrit, mais de le mettre en mains du public en le livrant à l'impression, ainsi qu'était mon dessein à l'origine.

C'est ce que je fais ici.

Quel accueil lui sera-t-il réservé ?

A ma connaissance, sept spécialistes seulement ont lu mon projet avec une attention qui voulait arriver à se former un jugement ; savoir : 5 Belges et 2 Étrangers.

Des Belges : 2 désapprouvent ; 2 sont partisans ; 1 ne s'est pas prononcé ;

Des Étrangers : 1 s'est tu ; 1 estime que ces idées méritent examen.

Voilà la situation.

Il se rencontre donc des personnes qui ne trouvent pas cette œuvre absolument dépourvue de mérites. Cela m'encourage. Elles sont peut-être en plus grand nombre qu'il ne paraît *à priori*,

Si cette éventualité a du fondement, il me sera peut-être donné, malgré mon âge et mon état de santé, de voir réaliser quelque partie de mes innovations. Mais je devrai cette satisfaction, non aux vieux ingénieurs qui, presque tous (et c'est le cours des choses)(\*), ont répugnance et défiance de tous genres de nouveautés, quelles qu'elles soient; mais je le devrai aux « progressistes en sciences », c'est-à-dire aux jeunes ingénieurs, — à qui je dédie mon travail.

1885.

L'AUTEUR.

(\*) N'a-t-on pas vu, en effet, dans la première moitié de ce siècle, des illustrations dans le gouvernement des hommes et dans les sciences, taxer d'**absurde** la proposition d'appliquer aux communications la machine à vapeur et le télégraphe électrique.

# PRÉAMBULE.

# CONSIDÉRATIONS GÉNÉRALES

SUR

LE ROLE DES FORTS DE POSITIONS (FORTS D'ARRÊT ET FORTS DÉTACHÉS) DANS LA DÉFENSE DES ÉTATS, AINSI QUE SUR LA NÉCESSITÉ DE LES RENDRE LE PLUS INEXPUGNABLES.

---

## I.

De tout temps il a fallu et il faudra barrer à l'ennemi les nœuds de routes, les défilés, etc.

C'était un des objets que remplissaient jadis — et que remplissent encore — les forteresses secondaires. Elles étaient donc des *forteresses ou forts d'arrêt*.

Les forteresses secondaires avaient un autre objet encore, c'était d'abriter de la population et ses richesses.

Mais la vapeur, par toutes ses conséquences morales et matérielles, est venue modifier et développer d'une manière surprenante le réseau artériel des communications dans le Vieux-Monde, ainsi que les facteurs de la locomotion.

Il y a aussi une population plus nombreuse, et des richesses plus considérables, à mettre en sûreté.

D'autre part, la nouvelle artillerie constitue, dans les moyens de guerre, une révolution qui bouleverse tous les acquis de l'expérience séculaire.

Par suite, l'art de la fortification, comme théorie et comme pratique, est entré dans une crise analogue à celle qu'a produite autrefois l'invention de la poudre.

**Plus que jamais, cependant, il faut des forteresses d'arrêt; mais il les faut d'un autre genre ; il en faut également en des lieux qui n'en avaient jamais vu.**

**L'ancienne fortification est surannée. Elle ne résiste plus, ne couvre plus, ne protège plus** (nous faisons ici abstraction de l'armement offensif, ou destiné à agir sur le terrain extérieur). Elle est à la fortification des temps futurs ce qu'est aux trains de chemins de fer l'antique carrosse traîné par des bœufs.

Les défauts ou vices qu'elle présente rendent illusoire, dans la pratique, l'emploi de forteresses ou forts d'arrêt. Ces défauts, auxquels on est parvenu à remédier, mais d'une manière incomplète encore, sont les suivants:

— La place devant être à escarpes revêtues pour être à l'abri du franchissement d'emblée, ces escarpes sont aisément destructibles, de loin comme de près;

— Le flanquement actuel est, de même, éminemment destructible.

Ces circonstances mettent la place à la discrétion de l'ennemi; un seul assaut suffira à l'emporter.

— Le terre-plain et les remparts sont inhabitables sous le feu plongeant de l'adversaire; une garnison qui veut le braver pour faire son devoir est fauchée en peu de temps ;

— L'emploi du feu de mousqueterie est devenu une utopie.

La riposte de la défense n'a donc pas seulement une efficacité illusoire; elle est à peu près nulle.

## II.

Les places fortifiées se classent en *grandes forteresses* ou de premier ordre, et en *forteresses secondaires*; ces dernières comprennent toutes celles qui n'appartiennent pas au groupe précédent, quelle que soit la diversité de leur grandeur.

Tenant à la fois de l'une et de l'autre espèce sont les forts proprement dits, qui forment une catégorie spéciale de forteresses nommées *places purement militaires*.

A un autre point de vue, celui du rôle qu'elles sont appelées à jouer, les places fortifiées et les forts proprement dits admettent une autre classification: celle de *forteresses stratégiques* et de *forteresses tactiques*. Les premières renferment les grandes places et les camps retranchés — et même des places de petite dimension ou rentrant dans la catégorie des places dites secondaires, qui se trouveraient sur les lignes d'opérations capitales. Dans les deuxièmes se rangent toutes les forteresses placées sur les lignes d'opérations secondaires ou en dehors de l'action immédiate des armées.

Les grandes places fortifiées trouvant, dans un site exceptionnel, dans un armement formidable et dans l'importance des troupes affectées à leur défense, des éléments positifs d'une résistance opiniâtre et sans limite, n'ont pas besoin de présenter, dans la constitution propre de chaque partie de leurs organes, des garanties particulières d'invulnérabilité. Les trois facteurs qui viennent d'être énumérés rendent en effet, à l'occasion, même une bicoque imprenable — chèrement peut-être, mais sûrement.

Mais il n'en est pas de même des places secondaires, dont la théorie et l'expérience de la guerre démontrent l'insuffisance et les inconvénients sous le rapport intrinsèque, c'est-à-dire dans leur anatomie et faisant abstraction de leur fonctionnement, heureux ou malheureux, dans telle circonstance rappelée :

— Les inconvénients : Elles absorbent des garnisons relativement importantes qui, prises ensemble, forment une armée entière; et pourtant elles ne commandent presque rien, et l'on passe entre leurs mailles comme si elles n'existaient pas ;

— L'insuffisance : Elles ne résistent pas aisément aux efforts de l'adversaire, car leurs revêtements peuvent être contrebattus de loin et entamés, et leur artillerie démontée. Si, après ces désordres, la place n'amène pas son pavillon, le bombardement — qui est rentré maintenant dans les usages militaires — provoque une reddition prématurée.

Ainsi donc, en peu de semaines, table-rase est faite de ce qui gêne le vainqueur.

En somme, un État ne peut plus faire un fonds sérieux sur de telles places — qui coûtent cher à mettre debout — pour baser les opérations des armées actives de la défense et entraver celles de l'ennemi, ou pour offrir un refuge aux populations et servir de lieu de dépôt aux ressources nationales et à celles des particuliers.

Cependant la nécessité de fortifications nombreuses est plus impérieuse qu'autrefois, car il importe d'arriver à intercepter sur les théâtres de guerre, efficacement — c'est-à-dire d'une manière effective et pendant un laps de temps long, sinon illimité —, les lignes de manœuvres ou lignes de communications et d'opérations; ce qui ne peut s'obtenir que par le redoublement des postes fortifiés.

Voyez deux adversaires en présence, dans une contrée

dépourvue d'obstacles. Après la première grande bataille décisive — qui ne se fait pas attendre —, le parti victorieux est
maître absolu d'une immense zone de territoire, qu'il parcourt
librement avec ses colonnes, ses détachements, ses convois. Le
vaincu est impuissant à réagir contre cet état de choses. Pour
se refaire, il s'ingénie à mettre la distance entre l'ennemi et lui,
heureux quand il peut y parvenir même au prix de pertes trop
douloureuses. Il n'y réussira avec certitude que si l'usage des
communications reste interdit au parti triomphant, **ce qui ne
s'obtient que par le moyen de forteresses répétées,
capables de braver impunément un ennemi rendu
audacieux et qui ne distraient que peu de soldats
des rangs des armées de manœuvres.**

On tourne ainsi dans un cercle vicieux et il en résulte que
l'on ne fortifie plus guère — ou plus assez —, laissant tous les
chemins ouverts, ce qui est une solution funeste à la prospérité
et à l'honneur de l'État.

Sadowa et Sedan, comme Jena naguère pour d'autres causes,
ont produit des conséquences inattendues, parce que la fortification des États n'a pas progressé parallèlement à l'outillage
dont la stratégie et la tactique disposent aujourd'hui pour
l'attaque.

Sans vouloir discuter à fond un sujet aussi intéressant et qui
offre matière à un gros volume, nous poserons de suite des
conclusions qui nous paraissent les moins contestables :

— Les forteresses de premier ordre rempliront toujours
aisément leur objet, sans que vraiment il soit nécessaire, ou
seulement utile, de les cuirasser ;

— Quant aux forteresses secondaires, il y a lieu, ne leur
demandant que le seul service de forts d'arrêt et renonçant
résolument à l'utopie d'abriter les populations et la fortune des

familles, de les abandonner en général, en remplaçant leurs fortifications continues par des forts isolés indépendants des agglomérations civiles, dont le rôle serait simplement d'intercepter les routes qui se croisent en ces places, — ou, tout au moins, de compléter celles dont il serait impolitique de démolir l'enceinte, par de tels ouvrages disposés plus ou moins loin des murailles (¹).

Mais, dira-t-on, des forts isolés, dont les ressources sont naturellement restreintes, sont, plus que les places ici critiquées, exposés à succomber rapidement.

Rien n'est plus vrai dans l'état actuel de l'art du fortificateur.

En attendant que les développements ultérieurs répondent à cette objection, remarquons que des forts isolés étant exclusivement militaires, ils n'ont pas à s'embarrasser de la question humanitaire sous la tempête de fer que déchaîne sur eux un assaillant acharné. Au point de vue moral, ils offrent des éléments de durée que les places secondaires existantes ne sauraient plus posséder. Le fait même de leur isolement au moment de leur construction est tout à l'avantage d'une plus grande perfection de leur constitution matérielle, puisque l'ingénieur militaire trouve, pour ses combinaisons, le champ le plus dégagé d'obstacles, n'ayant pas à tenir compte de considérations étrangères à son art.

Les forts dont il s'agit ici, qu'ils renforcent des places existantes, ou qu'ils soient substitués à quelqu'une d'entre elles; ou bien, enfin, qu'ils soient construits sur des positions de

---

(1) Un exemple, propre à faire saisir exactement la portée de notre proposition, est développé dans le livre « *Cavalerie et Forteresses* » (Annoot-Braeckman, Gand). Il concerne une contrée plate, sillonnée de nombreuses voies de communications ferrées, pavées et fluviales, comme l'est la Belgique.

manœuvres, nous les désignons sous le nom de FORTS DE POSITIONS.

### III.

Un État qui serait désireux, en prévision de guerres à soutenir contre l'un ou l'autre de ses voisins, de couvrir toutes les communications qui mènent vers le cœur, le point vital du pays, de manière à s'opposer efficacement à toute marche semblable à celles qu'ont exécutées les Prussiens de Josephstadt à Florisdorff en 1866 et les Allemands du Rhin à l'Atlantique en 1870, **ne peut espérer atteindre ce but qu'en obstruant les routes par des forteresses, à défaut d'obstacles naturels réputés capables de se défendre pour ainsi dire tout seuls.** De ces derniers il n'en existe selon nous qu'un seul genre vrai, et il ne se rencontre pas partout ; ce sont les ponts sur les cours d'eau larges et profonds.

Or on ne peut songer à créer toutes places de la valeur de celle d'Olmütz, ou d'Anvers, ou de Metz, etc., car, **à l'inconvénient d'exiger un temps excessif et des sommes ruineuses pour leur construction, elles offrent aussi celui d'absorber des garnisons considérables au détriment des forces actives, les seules qui peuvent rejeter l'ennemi hors du territoire.**

En effet, pour faire reculer l'ennemi, force est bien à la défense de sortir de ses lignes, avec la supériorité du nombre ; sinon, cet ennemi ne s'en ira jamais.

Faut-il, en conséquence, se résoudre à n'ériger que de petites places ? Mais l'expérience contemporaine fait voir qu'elles peuvent être emportées en deux ou quatre jours. Bitche, il est vrai, est, en 1870, un exemple d'une résistance prolongée. Mais Bitche est un nid d'aigle juché sur un rocher. S'il eût été en plaine, il n'eût pas tenu deux jours ! On ne trouve pas, sur n'importe quel théâtre de guerre, de fréquents sites semblables à celui de Bitche et qui, à la condition d'inexpugnabilité, offrent encore celle de commander les routes par lesquelles doit passer l'armée envahissante.

Force serait donc de construire des places d'un échantillon intermédiaire entre Anvers et Bitche, qui, par leur développement et leurs ressources, seraient mieux en situation d'offrir une résistance qui parût satisfaire au but proposé.

Pour fixer les idées, indiquons notre Termonde (Belgique) comme en étant le spécimen convenable.

Or, une forteresse de ce rang (¹) coûterait déjà, au bas mot, environ 15 milllons (²), et la garnison qu'elle devrait renfermer ne serait pas inférieure à 2,000 hommes.

Mais une place unique ne suffit pas. Pour couvrir d'une manière efficace les frontières menacées et, surtout, pour garder intactes les lignes d'opérations convergeant de la frontière vers la capitale ou vers le réduit suprême, il y aurait à construire un nombre convenable de places de ce genre, disposées sans doute, en tant que la configuration du sol l'exige, sur deux, trois ou quatre rangs.

On voit où l'on en arrive.

Sur trente places de ce genre — et ce nombre n'est pas exagéré dans les exigences actuelles de l'art de la guerre —, la dépense serait d'un demi-milliard, et la totalité des garnisons de près de 60,000 hommes.

Serait-on, en compensation, fondé à prétendre que ces places

---

(1) Nécessairement revêtue, en site élevé c'est-à-dire *sec*, lequel sera le plus habituel.

(2) Dans ce chiffre, et autres analogues qui seront éventuellement produits, l'armement et les approvisionnements ne sont pas compris, mais seulement les ouvrages d'art.

tiendraient pendant un temps proportionné à leur coût et à ce que l'on attend d'elles ? C'est peu présumable, en présence de l'artillerie moderne qui peut ébranler les revêtements des ouvrages et détruire le matériel ainsi que les défenseurs des remparts (remparts qu'il est irréalisable de blinder sur toute leur longueur, de 5 à 6 kilom. de développement) par un tir exécuté à la distance de 1,000 à 1,500 mètres ; en présence surtout de l'éventualité d'un bombardement — qui s'adresse plus à la population non armée et à ce qu'elle possède, qu'aux ressources militaires — dont on fera usage, dorénavant, dans toutes les circonstances.

Ainsi grosses dépenses d'un côté ; éparpillement des forces de l'autre —; tout cela en pure perte.

Une prompte reddition est donc à peu près certaine.

On se trouve donc en présence d'un dilemme embarrassant, déjà signalé : D'un côté il faut de nombreuses fortifications ; de l'autre il est reconnu que les fortifications modernes sont impuissantes à résister aux moyens d'attaque dont on dispose [1].

## IV.

Dès 1871, à peine rentré dans le service sédentaire que nous occupions avant la campagne [2], nous nous sommes, comme tant d'autres ingénieurs militaires, préoccupé de rechercher les

---

[1] C'est au point qu'un homme éminent, M. Viollet-le-Duc — ingénieur civil qui s'est distingué dans la défense de Paris en qualité de volontaire et avec le rang de lieutenant-colonel du génie, — émet, dans diverses publications, l'opinion qu'il vaut mieux se décider à raser, une fois pour toutes, les places secondaires, afin d'obtenir l'avantage, plus incontestable dit-il, d'augmenter l'effectif des armées en campagne.

[2] Nous étions Chef d'état-major d'une Division (la première), avec le rang de capitaine.

moyens de remédier à l'état d'infériorité dans lequel les forteresses se trouvent par suite des progrès de l'artillerie.

C'était affaire purement du ressort de la technologie.

La voie que nous avons suivie est bien différente de celle que
nos devanciers ont tenté de frayer. Nos débuts furent pénibles
et nous confessons que, plus d'une fois, le doute, le décourage-
ment nous prit et nous fit déposer le crayon. Mais finalement,
avec un peu de persévérance et l'heureux hasard **(qui aurait
pu favoriser un autre que nous)** d'inspirations inattendues, nous avons vu se lever successivement chacune des
difficultés qui nous avaient d'abord arrêté.

Aujourd'hui, après plusieurs années d'efforts, nous croyons
être parvenu à la solution, — sinon absolue, du moins de principe, s'il peut paraître douteux que *toutes* les dimensions des
diverses articulations de notre forteresse-type répondent entièrement à toutes les garanties de stabilité et de résistance.

Comme pour l'œuf de Christophe Colomb, la solution est
simple et va de soi.

La première transformation à faire subir aux ouvrages de
fortification consistait dans le revêtement d'escarpe.

Le point de départ de l'idée de notre revêtement a été ces
innombrables tuyaux de fonte, à grand diamètre, employés
comme conduites de la distribution d'eau à Bruxelles et qui, en
attendant leur mise en place, encombraient la circulation dans
les rues de la ville. En les superposant, me disais-je, j'obtiendrai
une muraille indestructible et infranchissable.

**L'un des éléments de la fortification nouvelle était
trouvé.** Les autres : flanquement, feux offensifs, sécurité de la
garnison, en ont découlé avec moins de peine.

C'est cette spéculation que nous nous sommes mis à méditer.

Du revêtement d'escarpe formé de tubes (ou tubulaire), à la

casemate-tunnel (ou tubulaire) de la tenaille de Chasseloup, le pas à franchir était court et la pente toute naturelle.

Ainsi disparaissaient d'une façon absolue, les deux défauts capitaux des ouvrages :
— La vulnérabilité de l'escarpe ;
— La destructibilité du flanquement.

**L'invulnérabilité de l'escarpe et l'indestructibilité du flanquement sont donc obtenues,** et cela par des procédés dont, dans la pratique, le coût (considération de quelque importance aussi) n'est que la moitié ou le tiers de tous autres moyens de cuirassement préconisés jusqu'à ce jour.

On sait, en effet, combien la condition de l'intégrité de l'escarpe importe à l'existence du fort. **Mais la condition de l'intégrité du flanquement est plus impérieuse encore, car un fort sans flanquement, ou dont le flanquement laisse à désirer, est un leurre.** Tout doit s'effacer devant cette considération.

D'autre part, la considération du coût des travaux a une prépondérance décisive dans la création d'ouvrages fortifiés.

Le point le plus important étant réalisé, le point de second ordre (mais non pas secondaire cependant) devait l'être à son tour. C'était d'assurer à la garnison une invulnérabilité équivalente à celle du corps de place, afin que, se sentant dans une sécurité complète, cette garnison fût, malgré sa faiblesse numérique, en mesure de tenir tête, pendant un temps presque indéfini, sans pertes et sans devoir être secourue, à l'attaque la plus furieuse.

Des inventions trop connues (coupoles, blindages, parados) étant offertes à cette fin à notre pensée, il nous suffisait d'en faire usage.

La mise en pratique de nos innovations demandait une démonstration. La seule qui fût à notre portée était d'en faire l'application, sur le papier, à la face d'une redoute ; nous avons choisi celle de 200ᵐ de côté.

L'armement du fort consiste, en outre des batteries basses ou de flanquement, en batteries hautes ou offensives qui comportent de 4 à 8 pièces de gros calibre par face. Il y a, en effet, un intérêt saisissable à empêcher — ou tout au moins à retarder longtemps — par la puissance du feu, le couronnement de la contre-escarpe, période avant laquelle l'ennemi ne peut se flatter, avec quelque fondement, de faire brèche dans le corps-de-place ou d'éteindre les feux de flanquement.

Ce que nous disons ici n'est pas en contradiction avec les énonciations générales de notre travail. Rien n'est indestructible ou invulnérable, à vrai dire, dans la nature, et le technicien correct de jugement et d'intention aura compris que, dans nos déclarations, il ne s'agit que d'une relativité réclamée en faveur de nos procédés. Mais nous ne prétendons pas que notre armure, fût-elle du métal le plus dur, résistera un temps quelconque au « bélier », si celui-ci n'est pas contrarié dans son action. S'il n'opposait que la seule inertie comme s'il était inhabité, rien ne garantirait l'immeuble d'une prompte destruction. **Derrière l'armure inerte qui le recouvre, il faut une puissance active, agissante, — batteries de gros calibres — qui lui donne le mieux possible** l'*inabordabilité* (¹).

La fortification, ainsi épurée de ses défauts (constitutionnels dirai-je, le mot est propre) constatés par tout le monde et en tous pays, les dimensions en plan du fort sont restreintes à un

---

(1) Vieux mot, mais très expressif; ne se trouve pas dans les dictionnaires modernes.

minimum très-bas, ce qui donne pour conséquence, sans rien enlever à la valeur militaire de l'ouvrage, une grande diminution dans les frais de construction et dans ceux de l'armement. **Le chiffre de la garnison UTILE s'abaisse de même à un minimum que l'on n'aurait jamais osé espérer.**

Dans l'état actuel des arts, nous ne prévoyons pas que, à efficacité égale, il soit possible d'arriver à un résultat plus certain et économique qu'en suivant la voie tracée par nos propositions.

Les propositions dont il vient d'être fait une esquisse rapide résolvent le problème énoncé dans les pages précédentes.

Les forts dont ce travail est l'objet sont, comme grandeur, de l'échantillon de Bitche. Seulement les principes de construction qui leur sont appliqués (en envisageant naturellement la résistance à offrir à un calibre déterminé et non pas à un calibre quelconque (¹)) les rendent invulnérables dans les circonstances normales. L'artillerie tirant à bonne distance ne mordra pas sur eux, et, dans un tir rapproché, l'ennemi ne réussira à les détruire qu'après des efforts prolongés.

---

(1) Nous avons, dans ce mémoire, considéré le 12ᶜ ᴿ.

Il est à présumer, en effet, que les progrès balistiques de l'artillerie ne suivront plus, dans l'avenir, une marche aussi rapidement étourdissante que pendant le dernier quart de siècle. Pour que semblable événement pût survenir *hic et nunc*, il faudrait des agents qui semblent ne pas se trouver pour le moment entre les mains de l'homme. D'autre part, des motifs aussi essentiels de nos jours que dans les temps passés — davantage même peut-être —, fixent un maximum à l'échantillon des pièces à traîner à la suite des armées pendant la période rapide des opérations de campagne.

Il en résulte que le calibre de l'artillerie de campagne ne variera pas dans des limites très-étendues, et que, longtemps encore, l'on se bornera à ceux de 8ᶜ et 9ᶜ.

Le 12ᶜ et, *à fortiori*, le 15ᶜ ne se montreront que dans des circonstances exactement déterminées, subséquentes à la période dont il vient d'être parlé.

Tous les forts d'un échiquier ne seront pas dans le cas remplir un rôle qui nécessite des efforts exceptionnels de l'adversaire; il est possible d'indiquer à l'avance la plupart de ceux qui le seront. Ces derniers, à défaut de tous, seront, en conséquence, construits en vue de la résistance au 15ᶜ.

Sauf illusion, leur résistance doit être considérée comme presque indéfinie, l'ennemi ne pouvant produire quelque mal qu'après avoir couronné la crête du fossé. Or il aura sans doute quelque peine à en arriver là.

Ils ne coûteront que 2 à 2 1/2 millions (¹) chacun, au plus, au lieu de 12 ou 15.

Enfin une garnison de 400 hommes, au maximum, leur suffit à défier toutes les insultes de l'ennemi, fût, celui-ci, au nombre de plusieurs milliers d'hommes.

Ainsi 30 de ces forts rempliront mieux le but militaire que les 30 places secondaires qui avaient été prises plus haut pour exemple ; ils n'entraîneront qu'à une dépense de 75 millions au lieu du demi-milliard ; ils ne demanderont pour leur construction qu'une année au lieu de six ou sept ; enfin ils ne distrairont de l'armée active qu'une force de 12,000 à 15,000 hommes au lieu de 60,000.

Les avantages sont manifestes, militairement et financièrement, si les mérites que nous attribuons à ces forts sont fondés ; militairement, parce que la guerre s'étendra sur une moindre partie du territoire, et que la défense aura plus de ressources disponibles en hommes pour posséder en ligne, sur le champ de bataille, la supériorité du nombre ; financièrement, non seulement sous le rapport des frais de premier établissement, moins élevés, mais aussi sous celui de la limitation de la zone envahie et des charges qu'entraîne une occupation momentanée par l'ennemi ou une cession de territoire après des défaites décisives.

L'économie en argent et en hommes, sur chaque fort, qui résulterait de l'adoption de forts de ce système, procure un

(1) Ces chiffres se rapportent à notre Fort-Type, redoute triangulaire ou redan, de 200ᵐ de côté, tenant lieu d'une « place secondaire ».

avantage qu'il importe de faire ressortir : c'est de permettre le redoublement des lignes de l'échiquier de défense, sans frais excessifs. Ainsi 100 de ces fortins, d'une efficacité incontestablement plus grande que 30 places secondaires, n'exigeraient que francs 250 millions et 40,000 hommes.

## V.

Une forteresse unique bien que de tout premier ordre, fût-elle de la force de Paris, Metz, Mayence, Strassbourg, etc., ne peut suffire à elle seule à assurer d'une manière efficace la défense d'un État. Croire le contraire nous paraît une illusion, généreuse si l'on veut.

Cette impossibilité résulte de principes stratégiques et tactiques positifs, concrets.

Si un grand État peut posséder plusieurs grandes places, pour servir de *pivots* à sa défense, elles seront toujours en nombre relativement restreint, à cause :

— du coût de leur érection;
— du coût de leur armement;
— et surtout des forces que leur défense réclame.

Les petits États devront, au contraire, se résigner à n'en posséder qu'une, si, encore, ils se décident à faire ce sacrifice.

**Les grandes places impliquent, par suite, un complément, et ce complément consiste, logiquement, en les places secondaires.**

Ces forteresses secondaires formant un réseau raisonné, plus ou moins vaste en étendue et en unités, ont pour rôle d'intercepter les communications et d'occuper les points stratégiques (nœuds de route, ponts, défilés, etc.); elles dérobent à l'ennemi les mouvements des gros et des petits paquets de la défense et les assurent; elles sont des sortes de sentinelles entravant la

2

marche de l'ennemi vers le cœur du pays, ou vers les camps retranchés; elles sont, sur le théâtre de guerre considéré, les satellites du grand pivot stratégique de ce théâtre; elles sont, en un mot, les « *hulans* » de l'échiquier défensif territorial.

Les places secondaires ont encore un autre rôle, moins immédiatement actif, mais important quoiqu'il en soit ; c'est de couvrir les magasins, arsenaux, dépôts de recrutement, etc., qu'on ne peut impunément laisser exposés « *à l'air libre.* »

Pour l'État qui ne possède aucune grande place mais un simple réduit final, la nécessité de places secondaires est plus apparente encore.

**L'emploi de forteresses secondaires s'explique donc, et s'impose même.**

Mais un réseau de forteresses, tout bien combiné qu'il soit sur la carte, n'est utile que si les dépenses auquel il entraînera promettent d'être productives. Or la *productivité* (¹) est en raison directe de la durée de la résistance de l'ouvrage et de l'abaissement du chiffre de défenseurs prélevé sur l'armée active.

Nous avons vu le peu de fonds qu'il y a à faire sur les places secondaires, telles qu'elles sont actuellement constituées; nous n'y reviendrons pas. La théorie indique qu'il importe de les remplacer par des constructions mieux en rapport avec le but, et, en tous pays, on est entré résolument dans cette voie.

L'Allemagne a fait beaucoup ; mais ce qu'elle a créé est inefficace encore — et elle le reconnaît. Elle se préoccupe toutefois, incessamment, de renforcer ses moyens territoriaux de défense, appréciant, comme le dit von Scherff, **que la guerre de**

---

(1) Qu'on veuille bien nous passer ce nouveau néologisme.

**forteresses est dans l'air** (¹), et tendant ainsi à la rendre inévitable dans l'avenir.

Théoriquement, l'Autriche a produit des conceptions ayant une valeur sérieuse, mais, pour des raisons budgétaires, elle n'a que peu érigé jusqu'à ce jour.

En France, on a construit un grand nombre de postes fortifiés, et l'on ne s'arrête pas; mais le système suivi, quoique très-remarquable, ne satisfait même pas ses auteurs. On a dû, en effet, dit à un de nos amis un général dont l'érudition et la judiciaire font autorité, « *courir au plus pressé*, afin de boucher la brèche ouverte dans la frontière *sans attendre que le dernier mot de la science fortificative fût prononcé.* »

L'Italie réclame, pour sa frontière des Alpes, des forts d'arrêt qui soient capables de tenir 15 à 20 jours sous la plus violente attaque. Un de ses plus vaillants et remarquables écrivains, le capitaine d'état-major Da Bormida, nous a donné, sur la question de la concentration des forces italiennes au moment de la mobilisation, c'est-à-dire à la période la plus critique, une étude qui défie, croyons-nous, toute réfutation. Cette concentration est des plus problématiques, si elle ne se fait sous la protection de forts d'arrêt présentant une certaine résistance.

La Russie, la Hollande, la Suisse, les jeunes États Danubiens, couvrent leur sol de fortifications.

Pour remplir le but, le fort destiné, soit isolément, soit en groupes de forts, à constituer une forteresse secondaire, **doit être susceptible d'une défense efficace et prolongée à l'aide d'un nombre TRÈS-RESTREINT de soldats**, c'est-à-dire satisfaire aux conditions suivantes:

---

(1) Il ajoute : **et elle pourrait bien devenir le tombeau de la guerre de campagne** (*Revue militaire de l'Étranger* du 8 mars 1879, p. 113 et 114).

— durée de résistance illimitée ;

— garnison minimum.

A cette fin, il doit être muni d'une armure défensive indestructible ; être rendu inabordable par un armement défensif et offensif qui soit invulnérable à l'artillerie adverse ; posséder un réseau de voies de circulation qui couvrent efficacement l'homme dans toutes les circonstances du feu de l'attaque (¹).

## VI.

Terminons par une définition, nouvelle peut-être, mais qui nous paraît exacte, des forts en général.

**Tout fort est, relativement au sol ferme, ce qu'est un navire relativement à la mer. Il est le récipient qui renferme les engins puissants par lesquels on nuit à l'ennemi, c'est-à-dire les batteries.**

**Pour que ces batteries, mêmes celles qui sont indestructibles, telles que les coupoles et les batteries blindées, ne soient pas annihilées promptement, il faut que le récipient qui les contient ne puisse être coulé bas si c'est un navire, soit inexpugnable si c'est un fort.**

---

(1) Des expériences d'un haut intérêt ont été faites en Russie il y a quelques années (*Bulletin de la réunion* du 15 juillet 1876, page 646, 1ʳᵉ colonne), en vue d'apprécier la résistance que pourrait offrir un grand fort de campagne — tout outillé — au feu de batteries de campagne même encore éloignées.

Le résultat a été désastreux. Les mannequins qui représentaient les défenseurs étaient, non pas décimés, mais anéantis, — et les batteries pulvérisées, par un tir à feu roulant exécuté à 700 sagènes (1500 mètres) de distance, pendant une durée de 23 minutes, par un détachement de 8 pièces lourdes.

---

# RÉSUMÉ DES PROPOSITIONS

QUI FONT LA MATIÈRE DE CE MÉMOIRE

I NNOVATIONS DANS LE MODE DE REVÊTEMENT DE L'ESCARPE ET DANS LA CONSTITUTION DES DISPOSITIFS DE FLANQUEMENT).

———

Ce mémoire est l'exposé d'innovations fondamentales dans l'art de fortifier les places de guerre, reposant principalement sur l'emploi du fer.

L'art de la fortification consiste **à construire un accident topographique qui remplisse certain objet militaire, toujours le même : celui d'être, pour l'ennemi, un obstacle artificiel permanent qu'il ne peut mépriser.**

Pour approcher de la perfection, cet « accident » doit remplir le mieux possible les conditions suivantes :

— être inexpugnable à des moyens d'attaque donnés;

— n'exiger qu'une garnison restreinte pour être défendu pendant un temps illimité ;

— coûter peu.

L'art ancien a eu sa valeur ; il serait injuste de le contester. Mais aujourd'hui il ne répond plus aux nécessités militaires.

Nous apportons ici, à la création de l'art nouveau, notre tribut de propositions. Puissions-nous ne pas nous tromper.

Ces propositions comportent : en ordre principal,

— des **revêtements,**

— des **caponnières** et des **batteries flanquantes,** d'un genre tout-à-fait spécial, dont les propriétés sont d'être indestructibles et de couvrir un feu de flanquement indestructible ;

en rôle secondaire,

— des **masques pour mousqueterie,** dont peuvent être pourvues certaines des portions du rempart que l'on ne garnit pas d'artillerie.

Ces dispositifs nous sont propres, c'est-à-dire qu'ils n'ont pas, jusqu'aujourd'hui, leurs analogues en aucuns pays.

Pour faciliter l'intelligence de nos développements, nous avons fait l'application de nos propositions à une face de fort.

A la rigueur, notre besogne pouvait s'arrêter là. Mais il nous a paru qu'il y avait un intérêt sérieux à présenter un type complet, c'est-à-dire outillé de tous les accessoires nécessaires, de telle sorte qu'il n'eût plus qu'à recevoir son armement, ses munitions, et sa garnison.

L'opportunité, le mérite et le fonctionnement de nos innovations — ou notre erreur — n'en devaient que mieux ressortir.

A cet effet, nous avons emprunté et mis en place divers autres dispositifs, qui ne nous appartiennent pas mais qui sont, soit appliqués déjà dans des ouvrages de fortification existants, soit recommandés par des auteurs ou par des chefs d'industrie. Tels sont :

— **des blindages pour abriter l'artillerie de rempart;**

— **des couverts assurant à la garnison, tandis qu'elle circule, la sécurité la plus complète, même pendant l'attaque la plus furieuse;**

— enfin, incidemment, bien que cela n'ait qu'un rapport indirect avec l'art fortificatif proprement dit, **un mode de ventilation des casemates** (batteries, magasins, habitations) simple et d'une efficacité complète.

———

Voici l'énumération des innovations qui nous sont propres (¹):

I° un revêtement d'escarpe, dit **revêtement tubulaire,** en fer;

II° un revêtement d'escarpe, dit **revêtement en arcades,** en fer;

III° une **caponnière pour sites élevés,** en fer, avec casemates-tunnels applicables à tous dispositifs procurant le flanquement;

IV° une **caponnière pour sites bas,** en fer;

(1) Notre travail ne date pas d'aujourd'hui; nous l'avons dit. Dès 1875, et pendant les quatre années qui ont suivi, le manuscrit était, à mesure qu'il nous faisait retour d'un côté, mis entre les mains d'autres personnes en situation de s'intéresser à l'étude de nos propositions. Semblable circulation implique danger (nous disons : « possible »; nous ne disons pas : « certain ») de manipulation par des mains subalternes que la discrétion n'aurait pas liées. Il nous a paru — ainsi qu'à nos amis — prudent d'affirmer notre paternité, et, *par dessus tout, la priorité qui nous revient,* par la prise de brevets, ce qui a été fait le 31 décembre 1878 (Voir Moniteur belge du 29 janvier 1879, nᵒˢ 46958 à 46963 de la liste des brevets).

V° un **dispositif permanent pour mousqueterie**, en fer, à usage des parapets de fortification;

VI° un **dispositif volant pour mousqueterie**,
en fer, à usage identique.

Afin que le lecteur puisse, dès d'abord, se rendre facilement
un compte exact et complet des principaux caractères qu'offre
notre fort, nous donnons, dans les pages suivantes, une description succincte de ces innovations.

Voici, en outre, un court tableau des propositions déjà connues
dont nous avons fait une large application à notre forteresse. Il
ne semble pas utile d'entrer ici, à leur égard, dans des développements, quelque brièvement que ce soit, ces divers objets
étant suffisamment répandus :

1° des **coupoles fixes**, pour la protection des batteries
hautes, ainsi que d'autres blindages;

2° des **parados continus**, protégeant à revers la banquette, avec poternes de communication;

3° des **galeries de communication**, percées dans le
massif du rempart, sur tout le périmètre intérieur,
avec casernes et magasins pourvus d'ascenseurs;

4° Complémentairement, les **appareils de ventilation**
dont il a été fait mention.

DESCRIPTION SUCCINCTE DES DIVERSES INNOVATIONS PROPRES.

## I° Revêtement tubulaire.

L'aspect de ce revêtement est en tout analogue à celui que présente la disposition d'échelles de peintre sur la façade d'une maison.

F. $\frac{31}{II}$ (1),<br>$\frac{51}{II}$, $\frac{3,4,5}{V}$

Deux *colonnes* identiques AA, BB, espacées de 1<sup>m</sup>,50 environ et placées dans un même plan de profil, l'une en avant (dans le parement), l'autre en arrière, occupent toute la hauteur du revêtement et sont reliées, de 2 en 2<sup>m</sup> de hauteur, par des *traverses* $a\,a$, lesquelles supportent des tôles horizontales $b\,b$ — que nous nommerons *couchis* — qui s'étendent sur toute la longueur de la face. La largeur des tôles-couchis est de 2<sup>m</sup>.

F. $\frac{19}{II}$

Les traverses sont maintenues en place, aux hauteurs convenables, par de simples *tenons* ou *chevilles* C, qui s'introduisent dans des *mortaises* ménagées dans les colonnes.

Les colonnes reposent sur des *semelles*, et celles-ci sur une fondation en béton ou en maçonnerie.

L'écartement des colonnes dans le sens de la longueur de la face est de 5<sup>m</sup>. L'espace compris entre deux profils de colonnes est dit *une travée*. La hauteur du revêtement est de 8<sup>m</sup>.

F. $\frac{31}{II}$, $\frac{54}{II}$,<br>$\frac{3\ et\ 4}{V}$

La construction du revêtement tubulaire est une opération des plus élémentaires et consiste dans les sous-opérations suivantes:
— fabrication, à l'atelier, de pièces linéaires;

---

(1) L'indication des Planches et Figures se fera toujours sous forme de fraction. Ainsi F. $\frac{51}{II}$ veut dire : Planche II, Figure 31 ; F. $\frac{3\ et\ 4}{V}$, Planche V, Figures 3 et 4; etc. Lorsque l'indication de la figure est encore produite dans le texte et qu'il ne peut exister de doute quant à l'identité de la figure citée, le numéro de la Planche en dénominateur est omis, étant écrit dans la marge, ce qui suffit.

— dressement des colounes sur toute l'étendue de la face à revêtir ;

— coiffement des traverses du 1ᵉʳ étage ;

— apposition des couchis, qui sont percés d'ouvertures correspondantes aux colonnes ;

— calage des couchis sur les colonnes à l'aide de coins en fer.

L'opération se continue pour les étages suivants, jusqu'à la hauteur que l'on veut donner au revêtement.

F. $\frac{35}{II}$    Dans la pratique, les colonnes antérieures et postérieures ne doivent pas nécessairement correspondre dans des plans de profil ; elles peuvent se disposer en quinconce comme le montre la figure.

F. $\frac{19}{II}$    En considérant de face ce revêtement, nous dirons que les colonnes antérieures forment, avec le bord antérieur des couchis, ce que nous nommerons *l'appentis antérieur*. De même les colonnes postérieures forment, avec le bord postérieur de ces mêmes couchis, ce que nous désignerons de l'appellation *d'appentis postérieur*.

F. $\frac{32 \, et \, 33}{II}$, $\frac{3}{V}$    Ces définitions admises, remarquons qu'il importe d'assurer la stabilité des colonnes dans le sens de la longueur de la face de l'ouvrage. A cet effet, nous leur donnerons *du pied*, à l'aide de *boutants* que l'on disposera dans l'étage inférieur des deux appentis (antérieur et postérieur), en alternant leur placement ainsi que le montre la figure. Ces boutants sont de même forme que les colonnes ; la longueur respective de chacun d'eux est de 5ᵐ,50 mesure relevée sur le dessin.

F. $\frac{34}{II}$, $\frac{19}{II}$, $\frac{3 \, et \, 4}{V}$    Afin de contrebalancer la poussée des terres, assez considérable, dans le sens perpendiculaire à la face de l'ouvrage, et, en même temps, l'effet des commotions produites par des obus explosifs, lesquelles tendraient au renversement du revêtement dans le fossé, il conviendra, d'abord de donner aux colonnes antérieures un *fruit* de 0ᵐ50, disposition qui, dans l'opération de mise en place de cette charpente métallique, exige quelque précaution. En outre, les colonnes postérieures seront, de quatre en quatre travées (soit de 20ᵐ en 20ᵐ), reliées, à la hauteur des traverses nᵒˢ 1 et 3, à des *colonnes-contreforts* en fonte, noyées dans le rempart à 6ᵐ de la magistrale, distance qui les met hors d'atteinte des boulets.

F. $\frac{31}{\text{II}}$,
$\frac{3 \text{ et } 4}{\text{V}}$

Les *liens* qui réunissent ces colonnes aux colonnes-contreforts seront, quant à leur section transversale, de même échantillon que les traverses du revêtement; leur longueur, mesurée sur la figure, atteint environ 5ᵐ,50.

Disons enfin que, dans les *cellules* longitudinales que forment les divers étages de couchis, nous ferons usage d'un remplissage de *ballast*, dont l'épaisseur, comptée de la magistrale, est de 3ᵐ environ.

F. $\frac{34}{\text{II}}$, $\frac{3}{\text{V}}$

La circonstance de ce ballast nous porte à considérer que, dans le but de mieux le retenir, il serait bon que les couchis (dont la largeur perpendiculaire au rempart est, on le sait, de 2ᵐ) fussent disposés, non pas horizontalement, mais normalement aux colonnes antérieures du revêtement, ce qui leur procurerait une inclinaison d'avant en arrière de 1/2 pour 8 ou de 4ˢ. Peut-être même conviendrait-il, afin de mieux soustraire les couchis aux chocs éventuels des projectiles, d'élever cette inclinaison à 5 ou 10ˢ, disposition qui n'augmenterait pas d'une manière bien appréciable la valeur des composantes dangereuses pour la stabilité.

OBSERVATION. — Dans nos figures et, par suite, dans notre description, nous avons adopté comme hauteur du revêtement le chiffre de 8ᵐ, et pour largeur de travée celui de 5ᵐ avec hauteur de cellules de 2ᵐ.

F. $\frac{31}{\text{II}}$, $\frac{37}{\text{II}}$,
$\frac{34}{\text{II}}$ et $\frac{5}{\text{V}}$

Ces données ne sont pas impérieuses.

Une hauteur de revêtement de 6ᵐ suffira sans doute presque toujours.

D'autre part, les propriétés de notre revêtement ne seront pas amoindries en portant à 8ᵐ ou à 10ᵐ la largeur des travées et à 3ᵐ la hauteur des cellules (pour les escarpes de 6ᵐ et au-dessus). Ces chiffres nous paraissent même préférables, car, *à mérite égal, ils produisent une économie sensible de métal et de main-d'œuvre.*

Le coût d'un revêtement de ce système, par 100ᵐ courants et 8ᵐ de hauteur, peut être estimé à environ 175,000 fr.

### II° Revêtement en arcades.

Ce revêtement est basé sur le principe des voûtes en décharge. Voici comment il est composé :

F. $\frac{8}{V}$, $\frac{6}{V}$, $\frac{1}{III}$  Nous soutenons le parapet par une plaque continue à section transversale curviligne AB, dite *plaque-voûte*, dont le bord extérieur A coïncide avec la magistrale, ce qui donne la hauteur d'escarpe de 8ᵐ au-dessus du fond du fossé — ou plutôt de la berme — que nous avons adoptée tantôt.

F. $\frac{8}{V}$, $\frac{6}{V}$, $\frac{1}{III}$
$\frac{8.9.10,11}{III}$  Pour soutenir cette plaque dans sa position, nous disposons de 5ᵐ en 5ᵐ des fermes CDEFGH. Notre face est, ainsi, partagée en travées de 5ᵐ de portée. A une face de 200ᵐ de longueur correspondent 40 travées, dont 39 de 5ᵐ et 2 demi-travées extrêmes n'ayant chacune que 2ᵐ,50.

F. $\frac{8}{V}$, $\frac{6}{V}$  Passons à la description d'une travée, en nous servant, autant que possible, des expressions usitées dans les voûtes en maçonnerie. Les deux côtés seront les *pieds-droits*; la calotte d'en haut sera la *voûte*; il y aura le *fond* et la *face*.

Chaque *pied-droit* est une ferme dont les éléments se décomposent comme suit :

— Une *colonne* DEG, support principal, maintenue debout par deux *étançons* CE, C'E. Cette disposition ressemble assez bien au pied ou trépied des géomètres ou des topographes, avec cette différence que l'une des arêtes de cette pyramide triangulaire est tenue verticale.  F. $\frac{12, 13}{III}$  $\frac{8, 9}{III}$

— Le pied de la colonne est muni d'une *semelle* SS avec laquelle elle fait corps. Les pieds des étançons reposent également sur des *semelles* ꜱꜱ, qui sont rendues solidaires de la semelle de la colonne.  F. $\frac{14, 15}{III}$

— La tête est prolongée par un *chapiteau* EGH, HGH', qui porte deux *corbeaux* ou *consoles* EH, EH', lesquels font entre eux un angle moyen de 110ᵍ.  F. $\frac{12}{III}$

— La ferme est complétée par une *poutrelle-double coudée*, GHI, GH'I', support de la voûte, et dont le *coude* G enveloppe, comme le ferait une bague, la tête de la colonne. Les deux branches de la poutrelle-double viennent s'appliquer sur les consoles du chapiteau, lesquelles possèdent, à cet effet, une *rainure d'encastrement*.  F. $\frac{10, 11}{III}$

— Deux fermes sont rendues solidaires à l'aide d'un *arc-boutant* ou *entrait*, KLK', parallèle à la face de l'ouvrage et qui s'appuie sur les deux colonnes. *Il touche par son milieu à la plaque-voûte.*  F. $\frac{8, 10}{III}$

Ainsi une travée constitue une sorte de *niche* dont le toit est plat, le fond est à terres libres, la face antérieure est ouverte.

— Enfin un *étrier* EFF, qui embrasse la colonne, sous le chapiteau, à l'instar d'une *cravate*, donne à la plaque-voûte un nouveau point d'attache et, ainsi, soulage la tête de la colonne.  F. $\frac{4}{III}$

Le système des colonnes et de leurs étançons repose sur des fondations en béton ou en maçonnerie.  F. $\frac{7}{V}$

De même que dans le revêtement tubulaire, nous noyons le  F. $\frac{6}{V}$

revêtement en arcades dans un *massif de ballast* dont l'épaisseur
est ici d'environ 4ᵐ.

F. $\frac{8}{V}$, $\frac{6}{V}$, $\frac{37}{II}$    OBSERVATION. — Dans nos figures et, par suite, dans notre
description, nous avons adopté comme hauteur du revêtement
le chiffre de 8ᵐ, et pour largeur de travée celui de 5ᵐ.

Ces données ne sont pas impérieuses.

Une hauteur de revêtement de 6ᵐ suffira sans doute presque
toujours.

D'autre part, les propriétés de notre revêtement ne sont pas
amoindries en portant à 8ᵐ ou à 10ᵐ, la largeur des travées. Ces
chiffres, nous paraissent même préférables, car, *à mérite égal,
ils produisent une économie sensible de métal et de main-d'œuvre*.

Le coût d'un revêtement de ce système, par 100 mètres
courants et 8 mètres de hauteur, peut être évalué à 125,000 fr.

### IIIᵒ Flanquement. Caponnière pour sites élevés et casemates-tunnels.

Le principe fondamental de notre caponnière peut s'exposer
comme suit:

F. $\frac{5}{VI}$    Soit une coupe transversale dans une caponnière simple,
formée de deux batteries jumelées. Nous en supposons les faces
cuirassées, soit totalement, soit seulement dans le voisinage des
embrasures; la terre qui recouvre la voûte retombe librement
en talus qui ajoutent à la protection des merlons.

Appliquée aux petites places ou à des forts isolés, une telle
caponnière est d'une rapide destruction par le feu ennemi qui
*enfile* le fossé.

Afin d'obvier aux défauts de cet ouvrage, lesquels, *en supprimant tout flanquement* DURABLE, rendent précaire la résistance

des forteresses et, ainsi, ouvrent à l'ennemi tous les chemins, voici ce que nous proposons:

a) nous faisons précéder la face de la caponnière d'un F. $\frac{4}{VI}$
masque $\alpha\alpha$ dans lequel est percée une avant-embrasure. De la sorte, les coups de l'artillerie seront supportés par l'encadrement métallique qui garnit le pourtour de l'orifice de l'avant-embrasure ;

b) puis nous enveloppons tout le dispositif d'une *cuirasse* F. $\frac{5}{VI}$
ou *carapace* $\beta c\mathcal{O}$, en forme de voûte surbaissée.

Passons actuellement à la description générale de la caponnière.

*En plan, elle a la forme d'un redan,* qui tire sa protection F. $\frac{4,6}{VI}$, $\frac{4}{I}$
personnelle d'un dispositif de flanquement à établir sur le corps-de-place, dans le voisinage de la capitale du front, et que nous nommerons *flanc.*

*En profil transversal,* nous venons d'en voir la figure; le F. $\frac{5}{VI}$, $\frac{5}{I}$,
contour terminal ne diffère guère d'un *quart de cercle qui repose-* $\frac{44}{VII}$
*rait sur le sol par ses deux extrémités.*

*En coupe longitudinale,* au lieu que le relief s'élève lorsque F. $\frac{10,11}{VI}$, $\frac{7}{I}$
l'on marche vers le saillant, nous l'abaissons au contraire comme le montre la projection de cet ouvrage sur la coupe fig. $\frac{11}{VI}$, et cela pour des raisons prépondérantes. *La silhouette longitudinale est à peu près celle d'un projectile cylindro-ogival.*

Par suite de cette disposition, les lignes de feu générales — ab- F. $\frac{4}{VI}$
solument couvertes du reste — convergent en avant vers la capitale du front.

*La caponnière est construite entièrement sous le sol naturel,* à F. $\frac{4,4}{VIII}$, $\frac{47}{VII}$
une profondeur qui oscillera entre certaines limites et qui dépend de la longueur donnée à la face du fort. Vue de haut, notre caponnière a une certaine ressemblance avec le bouclier gaulois, ou avec une tortue, ou encore avec un demi-gland de chêne

coupé suivant son plan de symétrie, ou enfin, comme nous le disions tantôt, avec une demi-balle cylindro-ogivale.

F. $\frac{5}{VI}$, $\frac{1}{VIII}$   Appliquant à ce massif notre construction indiquée dans la fig. $\frac{5}{VI}$ ci-dessus, nous créons une cave à canons, ou casemate, absolument dérobée aux vues de la campagne et de la contre-escarpe; dont le feu rasant bat toute l'étendue du fossé; et que protège un masque muni d'une cuirasse indestructible. Une cour sépare le masque de la cave à canons. Les projectiles ennemis qui pénétreraient dans l'embrasure du masque, c'est-à-dire dans l'avant-embrasure de la batterie, s'enterreront en avant d'une *contre-plaque métallique* **r r**, qui arrête tous éclats produits par l'explosion éventuelle d'obus.

F. $\frac{6,7}{VI}$   La carapace métallique de la caponnière repose à la fois sur un réseau de *poutrelles en* T, que supportent des colonnes, et sur un *massif de ballast* qui recouvre les casemates (caves à canons, logements et magasins) construites en maçonnerie.

F. $\frac{11}{VI}$   Les *casemates-tunnels des flancs* et autres dispositifs destinés au flanquement tant de la caponnière que du corps-de-place, sont construites d'après un principe identique.

Le coût d'une caponnière de ce système, mesurant : en plan (trace horizontale) 60ᵐ de gorge et 30ᵐ de saillie vers la contre-escarpe; en relief (hauteur à la gorge) 8ᵐ, sera environ 250,000 francs.

Une batterie de flanc pour 2 pièces, construite d'après les mêmes principes *sous la protection du revêtement*, coûtera sans doute environ 5,000 fr.

### IVᵒ Flanquement. Caponnière pour sites bas.

Dans les sites bas, il sera ordinairement difficile de couvrir les casemates de la caponnière d'un masque capable de procurer les avantages que nous avons pu réserver à notre caponnière pour sites élevés. Cette difficulté vient de la longueur de la ligne de défense en regard du peu de profondeur du fossé-capital.

Dans une telle occurrence, il faudra se résigner à voir la tête des embrasures être directement en butte au tir de la contre-escarpe, et voici la disposition que nous préconisons :

Soit une série de caves à canons, accolées, A, A, A........ F. $\frac{11, 12}{VIII}$
Nous couvrons la tête de chaque embrasure d'un *segment* ou *calotte sphérique*, en fer, à travers lequel passe la bouche de la pièce. Cette calotte est la partie de l'armature qui doit être exceptionnellement épaisse, puisqu'elle recevra les coups de plein-fouet. Elle se prolonge au-dessus de la batterie, en pente légère, couvrant totalement la pièce à l'instar d'une voûte.

Toutes ces voûtes se raccordent entre elles, latéralement, par F. $\frac{13, 14}{VIII}$
une couverture *en forme de gouttière*.

Vue d'avant, une face de caponnière aurait assez bien l'aspect, en miniature il est vrai, d'une suite de contreforts de montagnes séparés par des ravins.

La disposition de la couverture des casemates favorise un libre écoulement, par dessus l'ouvrage, des boulets qui en atteindraient la surface.

Pour donner un écoulement également facile aux boulets tirés F. $\frac{7}{VIII}$
contre la tête de l'embrasure — tout au moins au plus grand nombre de ces boulets —, *nous faisons reposer la cave à canons sur un tunnel* où le projectile est amené comme par le moyen d'un entonnoir. L'obus poursuit alors sa route, ricochant parfois contre les parois de ce tunnel, et il va se perdre dans un *dé de terre*, ou *traverse*, qui est ménagé en arrière de la gorge de la face et dans laquelle il s'enterre ou éclate.

La cave à canons est, en conséquence, clôturée du côté de la gorge par un mur revêtu d'une légère cuirasse, afin d'arrêter

3

les éclats des obus et la projection de matières terreuses et pierreuses; le mur est, du reste, percé, vers le haut, d'évents d'aérage que complètent des diaphragmes.

Supposons deux faces construites d'après ces principes et réunies pour former caponnière, les deux branches laisseront entre elles une *cour inhabitée* et *inhabitable* qu'occupe le dé de terre ou traverse dont nous venons de faire connaître la destination. En ce cas, les tunnels opposés pourraient utilement se réunir, formant tunnels continus, qui n'arrêteront pas l'obus, il est vrai, mais le feront dévier de son but, vers l'extérieur.

Disons que le toit ou chapeau de la caponnière peut, sans difficulté, comme toutes autres voûtes, être recouvert de lits de ballast.

F. $\frac{12, 13}{\text{VIII}}$, $\frac{16, 17, 18}{\text{VIII}}$   Contre les coups de revers, les faces de la caponnière peuvent être protégées par divers dispositifs qu'expliquent suffisamment les figures ci-contre et leurs légendes.

### V° Dispositif (ou Masque) permanent pour mousqueterie.

F. $\frac{17}{\text{IX}}$   L'armature dont nous surmontons le parapet offre l'aspect d'un *prisme triangulaire creux*, en fer, posé longitudinalement sur la plongée le long de la ligne de feu, et reposant sur l'une de ses faces. La face extérieure ou couvrante est pleine ; elle est percée de créneaux. Le côté intérieur est, au contraire, évidé, ne présentant que de simples *boutants* ou *supports*, de mètre en mètre. Il en est de même de la face qui est en contact avec la plongée.

F. $\frac{18}{\text{IX}}$   Des haubans, rattachés à une traverse, ou corps-mort, enterrée, maintiennent ce prisme en place.

Pour la construction de ce *masque*, les diverses pièces de l'armature se décomposent comme suit :

La face ou *plaque-couvrante* est fabriquée à part. C'est une tôle que l'on munit *d'œils* en fer vers la partie inférieure de sa face interne. Un *arbre* général traverse tous ces œils, réunissant, ainsi, deux ou plusieurs plaques successives. Dans la disposition de notre dispositif sur le parapet, l'arbre, les œils et le bord inférieur de la plaque couvrante sont enterrés dans la plongée.

F. $\frac{19}{IX'}$
$\frac{20,\ 21,\ 22}{IX}$

L'arbre, duquel dépend la stabilité de l'armature, est tenu en place à l'aide des *haubans* (poutrelles de fer) qui s'amarrent sur le *corps-mort* noyé dans le parapet. D'autre part, les boutants du prisme originel sont remplacés par des *buttoirs* à ressorts avec *contre-buttoirs*, semblables à ceux que portent les voitures de chemins de fer.

Le *corps-mort*, qui assure la fixité de l'appareil, se compose de caisses en tôle ordinaire, de la longueur déterminée par celle du masque. La section transversale en est $\frac{b = 0,80}{h = 0,30}$. Les parois verticales opposées sont reliées l'une à l'autre à l'aide de *tirants* qui s'opposent à leur déformation. Cette caisse est remplie de *gueuses* de fonte commune telles que celles dont on fait usage comme *lest* des navires.

F. $\frac{20\ \text{et}\ 19}{IX}$,
$\frac{23}{IX}$

Le corps-mort repose sur des *pilots* de fonte et est arc-bouté latéralement et en arrière par des *fiches*.

Les haubans se fixent sur le fond de la caisse avant qu'elle ait reçu son chargement de gueuses. Quant aux buttoirs, ils reposent sur le chargement et sont en rapport avec les contre-buttoirs *dont l'attache avec la plaque-couvrante est très près du plan de la plongée*.

Le poids du corps-mort est d'environ 1 $^1/_2$ tonne par mètre courant, ce qui semble suffire.

Le but que nous nous sommes proposé en donnant à la plaque-voûte une certaine *mobilité*, restreinte entre des limites resserrées, est aisément saisissable.

Le coût du dispositif (ou masque) permanent pour mousqueterie, que nous venons de décrire, peut être évalué, par mètre courant, à 750 fr.

## VI° Dispositif (ou Masque) volant pour mousqueterie.

Ce *masque* n'est autre que l'appareil précédent, simplifié.

F. $\frac{24}{IX}$

Des plaques mobiles P, en fer ou en acier, de $0^m005$ à $0^m006$ d'épaisseur et percées de créneaux ou meurtrières M, seraient dressées sur le parapet au moment du tir.

Une plaque considérée isolément a une longueur d'au moins $1^m20$, afin de couvrir au besoin deux tireurs. La largeur transversale est de $0^m90$ à $1^m00$, afin que la *crête* C atteigne la cote de $1^m80$.

F. $\frac{24, 25}{IX}$

Les plaques sont munies, vers leurs bords latéraux *d'œillets* O, qui leur permettent de glisser le long de *montants-supports* M, fixés à demeure contre le talus intérieur. Ces montants, dont la tête en forme de T est parallèle à la ligne de feu, dépassent cette ligne de feu de $0^m40$ environ, quand ils sont dressés. Ils sont munis d'une *charnière* g, avec *goupille mobile* g', disposée à $1^m00$ environ au-dessus de la banquette, afin de pouvoir se replier, au besoin, contre le talus intérieur du parapet lorsque l'on retire la goupille g'.

F. $\frac{24}{IX}$

Les œillets de la plaque-couvrante divisent la largeur de cette plaque en deux parties inégales, à peu près dans le rapport 2/3 à 1/3.

Enfin, de chaque côté, une *tringle* ou *boutant* V, accrochée dans un *œillet en spirale* S, se pique dans le talus de banquette, par sa pointe, tant pour contribuer à maintenir la plaque-couvrante en position, que pour en permettre la manœuvre de mise en place.

La plaque-couvrante est aisée à dresser *par un seul homme*, puisqu'elle pèse à peine 40 kilogr. par mètre courant. Au besoin, les deux tireurs voisins s'associent à l'opération, qui consiste en ce qui suit :

La plaque étant rabattue contre le talus intérieur, pour la mettre en position relever la partie mobile des montants-supports; assujétir la goupille; soulever la plaque, en la saisissant par le bord inférieur et la faisant glisser le long et jusqu'au haut des montants. Par un simple mouvement de bascule, spontané, en avant, elle se met en place. Les boutants, qui restent toujours accrochés, sont saisis et piqués dans le sol.

Pour retirer la plaque-couvrante, peser sur les boutants. La plaque se redresse sans grand effort, fait promptement bascule en arrière sur les têtes des montants, et redescend d'elle-même le long du talus intérieur. On replie ensuite les montants.

L'épaisseur que nous donnons à la plaque-couvrante suffit à garantir le tireur contre toute balle de fusil, et même de mitrailleuse croyons-nous, partant du sommet de la contre-escarpe, d'autant plus que son inclinaison d'avant en arrière, est de 0ᵐ50 hauteur pour 0ᵐ70 base.

Le coût de ce dispositif reviendra au plus, par mètre courant, à fr. 15.00.

### Aperçu de la dépense par face de 200ᵐ.

Dans le Fort-type doté de nos innovations, tel que la description en sera bientôt faite avec tout le développement qui en mette en évidence les propriétés, les matériaux — TERRASSEMENTS, MAÇONNERIES, ARMATURES MÉTALLIQUES — qui entrent dans la constitution des organes élémentaires se groupent, sous le rapport des quantités, de la manière suivante (Nous avons pris pour base les prix ordinaires ayant cours dans notre pays) :

**Terrassements** (comprenant l'achat du terrain,
14 hectares environ pour toute une redoute, et
les fouilles): 60,000 fr. par front de 200ᵐ (soit
300 fr. le mètre courant); ci, pour une face . fr.   60,000-00

**Maçonneries** (fondations, galeries de circulation
et de communication, coffre intérieur des
casemates, magasins, casernes enterrées, etc.):
250,000 fr. par front de 200ᵐ muni de casernes — et 100,000 fr. par front identique non
muni de casernes (soit 1250 fr. dans le
premier cas, ou 500 fr. dans le deuxième cas,
par mètre courant); ci, moyenne de trois faces,
dont une avec casernes. . . . . . . .   »  150,000-00

**Armatures métalliques** (cuirasses, parois et plas-
trons de tunnels, supports, coupoles et blindages, etc., tant pour les revêtements du corps-
de-place que pour les garnitures de l'armement
de défense et celles des batteries destinées à
agir sur le terrain extérieur) : 10 à 12 tonnes
ou 1 1/2 mètres cubes de métal, en moyenne,
par mètre courant de développement, chiffre
dans lequel le revêtement proprement dit et
les batteries défensives ou de flanquement,
réunis, entrent pour trois cinquièmes environ.
Adoptant le chiffre de 300 fr. pour le prix
moyen de la tonne de fer (c'est-à-dire du fer
employé dans nos armatures sous les quatre
états dont il sera parlé plus loin), c'est de
600,000 à 700,000 fr. de métal poour une face
de notre ouvrage; ci en conséquence . . .   »  600,000-00

Soit, par face, le chiffre rond moyen . . fr.  800,000-00

somme dans laquelle la valeur de la matière métallique employée entre pour à peu près les trois quarts.

Ainsi un Redan (trois faces) reviendrait à environ 2 $\frac{1}{2}$ millions.

Sans qu'il soit opportun d'évaluer avec une approximation quelconque le coût de l'armement (artillerie, munitions, etc.) de ce fort, on aperçoit, à simple réflexion, qu'il est naturellement moindre, dans une proportion considérable, que pour une place fortifiée d'après le mode ordinaire, parce que **la partie du développement ou périmètre INUTILE — c'est-à-dire qui ne rend qu'un « service de liaison ou de raccord », mais aucun « service d'action » — est infiniment moindre aussi.** On en peut juger par l'exemple cité plus haut, page 10, celui de la place de Termonde comparée à l'unité de Fort de position.

On aura remarqué que la fabrication des pièces composant les armatures de la forteresse proposée n'exige pas un outillage exceptionnel, toutes ces pièces étant linéaires et de la plus grande simplicité. D'autre part, aucune d'elles ne représente un volume de métal qui sorte des conditions normales.

Faisons ressortir que les innovations proposées ne sont pas inhérentes au tracé qu'il nous a paru pratique d'adopter ; elles peuvent aisément s'appliquer, soit isolément, soit réunies, à tout autre.

Nous exprimons le vœu qu'il vienne à la pensée d'un gouvernement de construire un *fac-simile* de la face ou d'une demi-face de la forteresse, en faisant usage de tous les matériaux quelconques que l'on a sous la main. Une semblable représentation devant nécessairement en rendre évidentes, saisissables,

les dispositions, les propriétés ou les vices, aurait pour conséquence de former déjà les convictions, la question de la résistance
des matériaux au choc des projectiles étant toutefois réservée.
Ainsi : les armatures métalliques seraient dressées en employant
les fers que l'on trouve en abondance dans le commerce ou
même en bois recouvert d'une peinture bleue ; — les maçonneries seraient simulées en bois recouvert d'une peinture
rouge ; — les terrassements, là où il serait nécessaire de les
accuser au regard, le seraient par des toiles grossières peintes
en vert.

On ne dépenserait pas 10,000 francs à la construction de ce
fac-simile, et même beaucoup moins, les matériaux employés
restant presque intacts et pouvant être utilisés après la démo-
lition.

Après cette représentation, qui permettrait, sans doute, d'apporter, dans l'échantillon des pièces élémentaires et dans leur
dépendance réciproque, des améliorations qui ne se sont pas
laissé apercevoir *à priori*, viendraient les essais de polygone,
afin d'établir le degré réel de résistance de ces mêmes pièces,
confectionnées en bon métal cette fois, ainsi que de stabilité
de l'armature sous les efforts de percussion et d'explosion.

# MÉMOIRE.

# LA FORTIFICATION DE L'AVENIR.

## MÉMOIRE SUR DES INNOVATIONS.

---

## APPLICATION AUX FORTS DE POSITIONS

A ÉLEVER AUTOUR DES PLACES POUR EN DISPUTER LES ABORDS (FORTS DÉTACHÉS), ET PRÈS DES LIGNES D'OPÉRATIONS OU DE COMMUNICATIONS DONT IL IMPORTE D'INTERDIRE L'USAGE A L'ENNEMI (FORTS D'ARRÊT).

---

### CARACTÈRES GÉNÉRAUX.

Les conditions fondamentales auxquelles les forts de positions doivent satisfaire, sont les suivantes :

1° Simplicité du front et, par suite, du tracé général ;

2° Indestructibilité des escarpes et des flancs ;

3° Indépendance absolue des feux défensifs et des feux offensifs ;

4° Défilement du parapet dans tous les sens;

5° Enfin, sécurité du terre-plain des remparts contre les feux plongeants et leurs éclats.

## CHOIX DE L'OUVRAGE.

F. $\frac{1.6.7}{1}$  L'ouvrage le plus simple est la *Redoute*.

Nous entendons par là tous ouvrages fermés, composés d'un petit nombre de côtés d'une longueur restreinte.

La redoute n'offre par elle-même aucunes ressources pour répondre aux conditions 2° à 5° ci-dessus. Nous l'adopterons cependant, parce que nous avons à proposer des innovations très-neuves — et indépendantes, en général, de toutes formes d'ouvrage — qui nous permettront de la doter du maximum des propriétés offensives et défensives que l'on recherche dans une fortification. A mérite militaire égal, la simplicité de l'unité d'ouvrage réduira le coût de l'établissement de l'échiquier de défense.

La redoute-type que nous proposons, fig. 1, se construit sur un côté extérieur AB, de 200 mètres, lequel se confond avec la magistrale. La longueur de 200 mètres suffira d'ordinaire, et quelles que soient les circonstances.

En général, une considération essentielle qu'il faut envisager avant toutes autres dans la construction d'un fort permanent, c'est de se ménager un terre-plain intérieur convenable. L'étendue de l'espace à battre vient en second lieu, car elle dépend moins de la longueur et de la disposition relative des faces que de l'emplacement choisi et de la portée de l'artillerie. La redoute régulière nous accorde le plus complètement cet avantage.

La face de notre ouvrage est donc une ligne droite. Elle est précédée d'un fossé auquel nous donnons la moindre largeur, en même temps qu'une profondeur aussi grande que possible. On sait que ces termes du problème : *largeur minimum, profondeur maximum*, ont une influence prépondérante sur la défense des fortifications. Nous n'allons cependant pas jusqu'aux limites extrêmes, parce qu'il importe de ne pas nuire aux propriétés offensives que l'ouvrage doit posséder.

L'escarpe et la contre-escarpe sont revêtues en fer, au moins sur une partie de leur hauteur, d'après un procédé dont notre travail est l'objet principal.

La face de notre redoute comprend un rempart général, $\alpha\beta$ (fig. 6), d'une grande épaisseur, qui supporte lui-même un parapet $c\partial$ dont l'épaisseur est telle qu'il ne puisse être traversé par les projectiles et dont le haut relief exerce un commandement sérieux sur la campagne.

Le flanquement général s'obtient d'une caponnière, MNP (fig. 1 et 7), couverte en fer, placée en capitale du front et détachée de l'escarpe et de la contre-escarpe. Cette caponnière est, elle-même, flanquée par le moyen d'une casemate spéciale, UV, dont est muni le corps-de-place. Une autre casemate, U'V', contribue aussi au flanquement du fossé capital, concurremment avec la caponnière.

Les dispositions qui n'ont en vue que le flanquement constituent *les batteries basses*, lesquelles ne sont pas vues de la contre-escarpe.

En avant de l'ouvrage est un glacis général, XYZ (fig. 1 et 6), sans chemin couvert.

Les communications avec l'extérieur se font en capitale du front. Elles passent sous le rempart, contournent la caponnière à travers le fossé capital, et atteignent le glacis par le moyen de rampes.

Les *batteries hautes*, seules, ont action sur le terrain extérieur. Ces batteries — et, en général, tous les dispositifs de feu établis sur le rempart en arrière du parapet — sont protégées à revers par un parados, $\varkappa\beta$ (fig. 6), et sont, en outre, blindées.

Les magasins sont ménagés sous le terre-plain des saillants, et les logements destinés au personnel du fort sont adossés aux remparts, en arrière du milieu des faces.

Telle est l'esquisse des grandes lignes de notre redoute-type.

Complétons les caractères généraux de ces divers éléments, puis nous entrerons peu à peu dans le détail de leur constitution intrinsèque.

### TRACÉ.

F. $\frac{1.6.4}{1}$ La longueur du côté extérieur est de 200 mètres (fig. 1). En son milieu, il présente un renflement, CDEF, auquel nous donnons l'appellation de *tour*. Cette tour mesure à la gorge 36 mètres, et forme une saillie de 8 mètres sur le corps de place. Nous verrons l'utilité de cet appendice.

En principe, le fossé-capital a 20 mètres de largeur; toutefois, des considérations relatives à la balance des déblais et remblais nous obligent de porter cette largeur à 25 mètres en capitale du front.

Nous donnons au rempart une épaisseur originelle de 20 mètres (fig. 6). Dans les saillants, nous portons cette dimension à 30 mètres, afin d'obtenir une surface de terre-plain et un massif de terre qui suffisent à deux objets importants déjà indiqués, savoir : recevoir des batteries hautes d'une grande puissance; réceler les magasins souterrains destinés à l'approvisionnement du fort en munitions de guerre et de bouche. En projection, c'est-à-dire en tenant compte des talus extérieurs et intérieurs, la largeur de la bande de terrain que recouvre le rempart est (saillants exclus) de 28 à 30 mètres perpendiculairement à la magistrale.

Le parapet a, en moyenne, 8 mètres d'épaisseur (fig. 4 et 6). Cette dimension n'est qu'un point de départ, car, ainsi qu'on le reconnaîtra, elle n'est pas uniforme, mais est parfois plus forte de 1 ou de 2 mètres en divers points, sans que cette augmentation influe sensiblement sur le cube du remblai.

Le détail intérieur du parapet est, avons-nous dit, protégé à revers par un parados général, dont l'épaisseur normale est de 3 mètres entre crêtes et de 7 mètres à la base. Ce parados laisse donc, entre son pied antérieur et le talus intérieur du parapet, un chemin de circulation de 3 mètres de largeur moyenne. En effet, aux points correspondant à des batteries, cette largeur sera de 5 à 6 mètres mesurée à partir de la ligne de feu ; elle ne sera que de $1^m,50$ à $2^m,00$ aux points réservés exclusivement à la mousqueterie. **On peut donc envisager le parapet comme un massif plein, en terre, à travers lequel sont pratiqués des cheminements de largeurs variables, destinés à recevoir des batteries ou de la mousqueterie.**

Entre le pied intérieur du parados et la crête intérieure du rempart, nous laissons un chemin de ronde de 1 à 2 mètres dont on verra l'objet.

La caponnière est séparée de l'escarpe par un petit fossé de 4 mètres. Sa gorge présente un évidement qui correspond à la tour dont nous avons parlé plus haut. Par suite, le petit fossé affecte la forme d'un crochet, concave vers le corps de place, sorte de cour abritée des vues de la contre-escarpe et dans laquelle débouche la galerie de communication principale, qui descend du terre-plein de la redoute en capitale du front.

La tête de la caponnière se termine en pointe et elle est précédée d'un fossé de 10 mètres de largeur. Avec son fossé, elle forme, dans la contre-escarpe, une échancrure triangulaire d'environ 30 mètres sur 60 mètres, mesures prises sur la capitale et sur la contre-escarpe.

Les deux lignes de feu de la caponnière convergent vers la capitale du front. En gorge, leur demi-écartement est de 12 à

14 mètres; en tête, il n'est que de 6 à 7 mètres, pour une distance en profondeur de 8 mètres.

## RELIEFS.

F. $\frac{1, 6, 7, 3}{1}$  La hauteur du rempart au-dessus du terrain naturel a dû être limitée à 5 mètres (fig. 6). Il eût peut-être convenu de lui donner davantage, en principe, afin de mieux découvrir la campagne, mais les considérations de balance entre le remblai et le déblai ont été un obstacle presque invincible à ce qu'il en fût ainsi, car une augmentation sensible de la largeur du fossé serait préjudiciable aux intérêts de la défense, et l'approfondissement à plus de 9 mètres rendrait, dans certains sites, la construction trop laborieuse. Il sera toujours possible, du reste, d'accroître le commandement du profil sur la campagne, en juchant l'ouvrage sur un mamelon, comme il s'en rencontre dans tous les terrains en sites montueux (et généralement, pour de nombreuses raisons militaires, les forts s'établiront dans des régions ondulées), dans le voisinage de passages à défendre.

Le parapet a, lui-même, 3 mètres de relief au-dessus du rempart, ce qui porte la hauteur totale du massif des œuvres-vives à 8 mètres, hauteur originelle.

La hauteur du parados est de 4 mètres.

Nous portons à 9 mètres la profondeur du fossé capital (fig. 6 et 7); cependant, aux abords de l'escarpe, nous ne donnons que 8 mètres, de façon à ménager une berme de 2 mètres de largeur tout le long de la face et même de la caponnière.

Au contraire, le fossé caponnière est, à sa pointe, tenu à la cote (— 7) mètres et il se raccorde en rampe douce avec le fossé capital.

En général, le revêtement de l'escarpe ne dépassera pas le niveau du terrain naturel. Pour un fossé de 9$^m$, la hauteur de ce revêtement sera donc de 9$^m$, et même seulement de 8$^m$, si l'on tient compte de la berme. Quant à celui de la contre-escarpe, sa hauteur habituelle se bornera à 5 mètres au-dessus du fond du fossé et sa crête restera donc à la cote (— 4) mètres, chiffre sur lequel nous aurons l'occasion de revenir dans nos « *Dispositions diverses.* »

La caponnière, qui est notre dispositif défensif principal, est construite entièrement sous le sol naturel (fig. 1, 5 et 7). Sa forme tient à la fois du bouclier gaulois et de la carapace de tortue. En gorge et dans le voisinage de la capitale du front, sa couverture arrase le terrain, puis elle s'abaisse rapidement, savoir : dans le plan longitudinal, jusqu'à la pointe; et dans le plan transversal, jusqu'à sa trace sur le fond du fossé.

Nous donnons au glacis une inclinaison générale de 1/12 (fig. 6 et 7); la crête en est tenue, devant les saillants, à 5 mètres de hauteur au dessus du terrain naturel, et à 3 mètres seulement devant la pointe de la caponnière, ces dimensions étant mesurées sur la verticale du revêtement de contre-escarpe.

Enfin des rampes (fig. 7) appliquées à la contre-escarpe devant le fossé-caponnière, et qui se réunissent à une sorte de place d'armes ménagée pour servir de palier, complètent la communication de la redoute avec la campagne.

C'est le lieu de mentionner une particularité, sans objet quant à la valeur militaire de l'ouvrage, qui peut, dans certaines circonstances, s'imposer par le calcul des déblais et remblais; c'est de devoir excaver de 1, 2 ou 3 mètres le terre-plein intérieur, afin de trouver le cube de terre nécessaire à la construction.

*Dans notre type, cette circonstance ne se produit pas;* nous n'en avons pas moins supposé, dans le texte et les épures, qu'elle existe, voulant tenir compte de cet élément qui présente certains inconvénients sous quelques rapports.

Une observation est ici nécessaire. On en comprendra aisément l'importance.

4

Tout notre travail repose sur une hauteur d'escarpe, nette, de 8ᵐ, au dessus du fond du fossé (ou plutôt du terre-plain de la berme). Il nous a paru que la prudence exigeait une hauteur aussi considérable — plus forte que celle adoptée généralement en fortification permanente pour les escarpes maçonnées — afin que la garnison de ce petit fort, en général très isolé de toutes ressources capables de fournir prompt secours, fût pénétrée de la vérité de sa sécurité.

Un de nos amis, ancien officier du génie, ne partagea pas nos vues. Tenant pour vraisemblable que le flanquement, tel que nous le constituons, ne peut être éteint dans les conditions normales d'attaque, il admet que le pied de l'escarpe est inabordable pendant l'exécution des feux flanquants et, en conséquence, que la hauteur d'escarpe pourrait, très utilement, être réduite puisqu'il n'y a pas à redouter qu'une attaque de vive force réussisse. Il n'y aurait donc à se prémunir que contre les surprises. Or, selon cet ingénieur, la hauteur de 4ᵐ suffit.

L'expérience prononcera peut-être favorablement dans ce sens.

En attendant, et pour tenir compte à la fois de l'opinion de cette personne et de mes scrupules, je serais assez porté à abaisser à 6ᵐ, la hauteur que nous avons arrêtée dans notre mémoire et dans nos dessins — ce qui permettrait de réaliser une économie tout au moins de 1/4 sur le coût total de l'escarpe —, avec cette restriction toutefois que, dans le voisinage de la tour, en regard de la gorge de la caponnière, la hauteur de 8ᵐ est indispensable afin que cette caponnière ne serve pas de palier pour le franchissement et pour l'invasion du corps-de-place.

F. 57/II Dans l'hypothèse de cette réduction, le profil général de l'escarpe et du fossé-capital pourrait présenter la disposition représentée fig. 57/II, où la berme est élevée à la cote (+ 3) au-dessus du fond du fossé, et est raccordée avec ce fond par un talus d'à peu près 1/2.

### SUITE DU TRACÉ.

Avant de poursuivre notre exposé, définissons exactement, pour la clarté, quelques dénominations dont nous aurons l'occasion de nous servir.

F. $\frac{1,7,\,2,\,5}{1}$

Nous entendons par *propriétés défensives* celles qui importent à l'intégrité de l'ouvrage; et par *propriétés offensives* celles qui sont relatives à l'action de l'ouvrage sur le terrain extérieur. Nous appelons *œuvres-vives* le bloc compris en-dedans des magistrales; et *œuvres-mortes* tout ce qui est extérieur, c'est-à-dire fossés, glacis, contre-escarpe, etc. Nous empruntons, d'autre part, à un antique tracé, trop décrié, quelques expressions dont nous avons parfois besoin. Ainsi (fig. 1 et 7) *bastions* seront les saillants, A, B, de notre redoute; *courtine* (dont fait partie la *tour* CD), sera la partie GH du front, comprise entre les extrémités des flancs. Nous désignons par *flancs* les parties IG, JH, de la face de l'ouvrage, au droit du fossé-caponnière, qui possèdent les casemates UV flanquant la caponnière. Les *faces des bastions* sont donc les restants du côté de la redoute, compris entre chaque saillant et chaque flanc, soit AI et BJ.

La tour de la courtine présente, elle-même, une *tête*, EF, et deux *flancs*, EC, FD, et les angles que forme cet assemblage de lignes sont dits *d'épaule* et *de courtine*.

Des préliminaires posés plus haut, il résulte que la largeur totale du terrain que couvre notre redoute est de près de 370 mètres, ce qui correspond à une surface absorbée d'environ 14 hectares, dont 4 1/2 hectares appartiennent aux œuvres vives et 9 1/2 aux œuvres mortes. Le terre-plain intérieur, mesuré jusqu'au pied des talus de rempart, est de près de 2 hectares, ce qui paraîtra, croyons-nous, largement suffisant.

D'ordinaire, il ne sera pas nécessaire de choisir un plus fort échantillon de fortin, et le côté AB de 200 mètres (fig. 2) — au besoin de 250 mètres — suffira toujours. Cependant, rien ne s'oppose à ce que l'on fasse usage, lorsque c'est nécessaire, de côtés, BC, de 300 mètres de longueur, ou de 400$^m$ peut-être. Nous reviendrons, du reste, sur les ouvrages de ce dernier échantillon lorsque, dans nos « *Dispositions diverses* », nous nous occuperons de la construction du dispositif de flanquement dans des cas exceptionnels.

Il ne serait pas avantageux de prendre, à l'inverse, un côté plus petit, AE ou ED, parce que si, d'une part, il y a économie de terrain, d'autre part les faces des bastions deviennent trop exiguës relativement à la courtine, les massifs propres à contenir les magasins se restreignent, et le terre-plain intérieur diminue sans compensation ; on arriverait enfin à devoir remplacer les caponnières centrales par des demi-caponnières placées aux saillants, dont le flanquement, toujours difficile, rendrait la construction des saillants plus laborieuse en nuisant aux propriétés offensives de ces parties importantes de l'ouvrage.

Cependant la forme carrée n'est pas absolument nécessaire dans tous les cas. Le plus souvent même un simple redan ou ravelin (fig. 3), fermé à la gorge, suffira ou sera peut-être commandé par les circonstances. Quelle que soit la détermination prise, il y a toujours convenance d'accepter toute économie qui ne nuise pas au but que l'on se propose d'atteindre.

Nous sommes toujours d'avis, de toutes façons, de donner aux deux faces originelles, AB, AC, du redan 200 mètres de longueur (fig. 3), et de flanquer chacune d'elles par une caponnière indépendante. Quant à la gorge, il y a opportunité à ne pas la tracer en ligne droite, mais à la briser de telle sorte qu'elle présente en son milieu D une légère saillie vers la campagne. Nous flanquerons cette gorge, ainsi brisée, par une caponnière unique placée au point de saillie.

La figure 3 montre un tracé de fortin présentant cette disposition. Bien que, dans la réalité des choses, le fortin de la figure affecte la forme d'un quadrilatère, nous lui conservons le nom de redan parce que le double côté qui constitue la gorge est exceptionnel et n'a pour raison que d'agrandir le terre-plain de l'ouvrage et de renforcer, en les ouvrant, les angles aigus, C, B, des deux saillants.

La redoute peut, parfois, présenter une forme irrégulière, telle que le montre la figure 2 ; mais nous conseillons de l'éviter, ce qui sera toujours possible, car le terrain fera rarement défaut. Il est mieux d'adopter une forme régulière, dût-on même diminuer un peu le côté extérieur si on désire ne pas absorber un pouce de terrain de plus. La forme régulière procure l'avantage d'un terre-plain intérieur plus grand et plus convenablement disposé et assure l'obtention du flanquement le plus complet. En général, on doit admettre comme une règle impérieuse que la surface du terre-plain ne soit pas inférieure à un demi-hectare.

Il peut arriver que le plan de l'ouvrage soit un rectangle au lieu d'être un carré ; nous lui conservons cependant le nom de redoute, une autre désignation ne paraissant pas commandée.

Nous ne prévoyons pas qu'il soit fréquemment nécessaire de construire un ouvrage à cinq côtés, à moins que ce ne soit dans la pensée de le substituer, pour l'économie, à deux redoutes simples, et sous cette réserve, du reste, que la configuration de la position à défendre le rende souhaitable.

Il est utile qu'un fortin ait, avec l'extérieur, tout au moins deux communications, pourvu que sa sécurité ne soit pas compromise par l'existence d'une double issue à surveiller. La multiplicité des communications est souvent, en effet, très-avantageuse à l'exécution de petites sorties. Pour de grands ouvrages qui renfermeront d'ordinaire des ressources relativement considérables, la communication comportera, outre les rampes dans la contre-escarpe devant la caponnière, une poterne dans deux des faces les plus convenables. Quant aux forts de moindre échantillon ou trop isolés, les rampes existeront sur chaque front de même que ci-dessus, mais l'on ne construira qu'une seule poterne de descente dans le fossé-capital. Posons, du reste, comme règle invariable de toujours ménager les communications en capitale des fronts et non devant les saillants des bastions.

On doit faire en sorte que l'angle de tout saillant soit *droit* ou *supérieur à l'angle droit*, pour toutes les raisons militaires connues, ainsi que pour la facilité de la construction de l'ouvrage. Cependant, dans le cas du redan, on crée fatalement des angles aigus. Nous prendrons invariablement pour angle aigu minimum celui de 70 ou de 75$^g$, ce qui donne 160 ou 150$^g$ pour la valeur de l'angle aplati formé à la brisure de la gorge. Lorsque les conditions de la défense ne s'accommodent pas de ces angles, il y a toujours possibilité d'y remédier par un tracé convenable du parapet et de la ligne de feu, sans toucher à la magistrale.

Dans la pratique, les longs côtés feront face aux chemins et voies qu'il importe de battre le plus efficacement, et les saillants seront placés sur la direction d'où les attaques enveloppantes présenteront le danger minimum. En un mot on se guidera, pour l'orientation de l'ouvrage, sur les considérations militaires qu'indiquera la topographie du lieu où l'on doit l'ériger.

On a vu que nous ménagions, *en capitale de chaque front*, des rampes accolées à la contre-escarpe devant la caponnière. Elles faciliteront aux sorties les moyens, soit de se glisser furtivement vers la campagne, soit de se refugier dans le fossé du fortin après s'être dérobées à une vive poursuite sous le couvert des accidents du sol.

Cette considération nous fait même souhaiter que le terrain, à proximité raisonnable du fort, ne soit pas absolument rendu net de tout couvert. D'abord il y a impossibilité matérielle à ce qu'il en soit ainsi, parce qu'il faudrait dénuder la campagne dans un rayon de 2000 mètres à l'entour de tous les forts, ce qui serait ruineux. En second lieu, le feu à distance contre notre fort devant toujours être peu redoutable, ainsi qu'on le verra par la suite, les couverts ou obstacles deviendront, pour une garnison active, des ressources précieuses qui permettront de nuire aisément aux partis adverses.

Les fortins que nous recommandons sont donc de deux espèces : des *Redans* fermées à la gorge ou des *Redoutes* proprement dites.

Le type d'ouvrage étant ainsi bien précisé, nous passerons à la description détaillée des divers éléments qui constituent *une face.*

Nous procéderons à cet examen dans l'ordre suivant :

A. — *Profil général : déblai et remblai; escarpe et contre-escarpe.*

B. — *Disposition de flanquement : caponnière et casemates.*

C. — *Action sur le terrain extérieur : organisation du feu des remparts et tracé du parapet.*

D. — *Logements, magasins, communications avec l'extérieur et entre les diverses parties de la forteresse.*

E. — *Armement.*

F. — *Dispositions diverses.*

## A. — Profil général; déblai et remblai; escarpe et contre-escarpe.

———

### PROFIL GÉNÉRAL.

Le profil normal de l'ouvrage est tel que le montre la fig. 6. Les éléments en ont déjà été arrêtés plus haut.

F. $\frac{6}{1}$

———

### DÉBLAI, REMBLAI.

L'une des conditions strictement nécessaires pour que la construction de l'ouvrage soit réalisable est que le cube du déblai soit équivalent à celui du remblai. Le tableau des calculs, ci-joint (voir page 61), fera voir qu'il y est satisfait. Les termes des opérations sont, en effet, les suivants :

F. $\frac{4.6.4}{1}$

#### *Pour le Remblai :*

REMPART. — Longueur moyenne de la face entre les profils du bastion, 175 mètres; relief uniforme, 5 mètres; base originelle, 25 mètres.

PARAPET. — Longueur moyenne entre les profils obliques, 190 mètres; hauteur, 3 mètres; base moyenne, 8 mètres.

PARADOS. — Longueur moyenne entre les profils obliques, 160 mètres; hauteur, 4 mètres; base moyenne, 5 mètres.

GLACIS. — Il est incliné au 1/12, ce qui, devant le bastion, lui donne 60 mètres de base. Longueur moyenne du glacis entre les profils des deux bastions, 300 mètres; hauteur moyenne de la crête, entre la capitale et le saillant du bastion, 4 mètres; base, 60 mètres.

*Pour le Déblai :*

FOSSÉ-CAPITAL. — Sa longueur moyenne en axe, mesurée entre les profils obliques, est de 210 mètres; sa profondeur, en ne tenant pas compte de la berme, est de 9 mètres; sa largeur, à mi-distance du saillant et de la capitale, est de 22$^m$,50.

FOSSÉ-CAPONNIÈRE. — Sa longueur totale, mesurée dans l'axe des deux branches de ce fossé, est de 60 mètres; sa profondeur moyenne est de 8 mètres; sa largeur uniforme de 10 mètres.

CREUSEMENT DU TERRE-PLAIN INTÉRIEUR. — Cette excavation est, pour l'entièreté de notre redoute régulière, un cube de 100$^m$ sur 100$^m$, dans les deux dimensions horizontales, et de 3 mètres de profondeur; 1/4 de ce volume appartient à chaque front.

VOLUMES DES REVÊTEMENTS. — En admettant que les revêtements d'escarpe et de contre-escarpe soient formés, comme ils le sont d'ordinaire, d'une maçonnerie pleine, on sait qu'il faut stipuler, pour l'épaisseur de l'escarpe, les 2/5 de la hauteur. Dans le cas qui nous occupe, cette épaisseur serait donc de 3 mètres. Pour la contre-escarpe une épaisseur de 1 mètre est habituellement adoptée.

Bien que nos propositions, toutes nouvelles, ne soient pas encore connues, nous dirons, dès à présent, que le volume du déblai à résulter de l'escarpe sera sensiblement égal à celui que produirait la construction du revêtement selon la méthode par maçonnerie pure.

Les facteurs du cube de l'escarpe sont donc : longueur de la face, 200 mètres; hauteur du revêtement, 8 mètres; épaisseur, 3 mètres.

De même nous indiquons, pour la contre-escarpe, les dimensions suivantes : longueur entre les profils obliques, 220 mètres; hauteur, 5 mètres; épaisseur, 1 mètre.

F. $\frac{1,6}{1}$. PARTIES DE REMBLAIS A DÉDUIRE, EN EN PORTANT LA VALEUR AU DÉBLAI. — Le fossé de la caponnière (fig. 1), en pénétrant dans le tracé originel de la contre-escarpe, supprime une partie correspondante de glacis qui équivaut sensiblement au volume de deux prismes triangulaires *mɩp*, *nɩp*, accolés suivant la capitale du front, et dont la hauteur moyenne est de $2^m,50$, la base de 30 mètres et la longueur de chacun d'eux également de 30 mètres.

Enfin le raccordement de la crête réelle du glacis avec le sommet de la contre-escarpe, sous un talus de 45°, supprime, dans chaque demi-front (fig. 6), un prisme triangulaire *stu*, dont les éléments moyens sont sensiblement : base $7^m,50$ ; hauteur $7^m,50$ ; longueur (mesurée depuis le saillant de l'ouvrage jusqu'à l'ouverture du fossé caponnière) 160 mètres.

Tels sont les principaux facteurs des calculs. Il y a lieu de tenir compte, en principe, de dispositifs particuliers qui exigeront ou qui produiront un certain cube de terre. Mais, pour apprécier exactement le volume que donnera chacun de ces dispositifs, nous sommes obligé d'attendre que le détail en ait été développé. Ce sont :

En REMBLAIS :

    1° La caponnière ;

    2° La caserne voûtée ;

       qu'il est nécessaire de recouvrir de terre afin de les mettre à l'abri.

    3° Le rempart du bastion, dont on sait que la largeur a dû être portée à 30 mètres au lieu de 20, sous même relief de 5 mètres que le restant du rempart.

En DÉBLAIS :

    1° Les casemates de flanc, destinées à la protection de la caponnière ;

    2° Les logements et les magasins que nous construisons sous le terre-plein du rempart ;

3° Enfin les galeries de communication, dont nous nous proposons de faire une large application sur tout le pourtour de la forteresse, afin que, même dans le moment de la plus grande crise, la circulation soit assurée sans danger pour les hommes.

Le résultat des calculs (voir page suivante) prouve que la balance peut être considérée comme étant obtenue, l'écart étant relativement peu de chose.

## Tableau du calcul des déblais et des remblais.

\* L, longueur; P, profondeur; H, hauteur; B, base; l, largeur.

| DÉBLAI OU REMBLAI. | NATURE | Longueur effective ou moyenne, prise entre les profils obliques des saillants | Hauteur ou profondeur moyenne | Largeur, base ou projection horizontale. | Observations. | Cube remblai. | Cube déblai. | Ensemble. |
|---|---|---|---|---|---|---|---|---|
| | | M.\* | M.\* | M.\* | | M³ | M³ | M³ |
| **REMBLAI.** | Rempart. . . . | 175$^L$ | 5$^H$ | 25$^B$ | | 21875 | | |
| | Parapet. . . . | 190$^L$ | 3$^H$ | 8$^B$ | | 4560 | | |
| | Parados. . . . | 160$^L$ | 4$^H$ | 5$^B$ | | 3200 | | |
| | Glacis. . . . . | 300$^L$ | 4$^H$ | 60$^B$ | (1/2 du produit) | 36000 | | 64635 |
| **DÉBLAI.** | Fossé-capital . . | 210$^L$ | 9$^P$ | 22$^l$,5 | | | 42420 | |
| | Fossé-caponnière . | 60$^L$ | 8$^P$ | 10$^l$ | | | 4800 | |
| | Terre-plain intérieur de l'ouvrage. . | 100$^L$ | 3$^P$ | 100$^l$/4 | | | 7500 | |
| | Terre provenant du revêtement de l'escarpe . . . | 200$^L$ | 8$^H$ | 3$^B$ | | | 4800 | |
| | Id. de la contre-escarpe . . . | 220$^L$ | 5$^H$ | 1$^B$ | | | 1100 | |
| | Glacis, partie correspondant à la pointe de la caponnière, supputée en trop dans le remblai . | 60$^L$ | 2$^H$,5 | 30$^B$ | | | 4450 | |
| | Raccordement de la crête du glacis avec le sommet de la contre-escarpe. . | 160$^L$ | 7$^H$,5 | 7$^H$,5 | (1/2 du produit) | | 4500 | 69570 |

N. B, A tenir compte ultérieurement :

ESTIMATION.

M³ —

1o DANS LE CUBE DU REMBLAI

des terres nécessaires au recouvrement de la caponnière. . . . 450
id.      id.      id.      de la caserne centrale . . 750
id,      id.      à l'élargissement du bastion jusqu'à porter
l'épaisseur du rempart à 30 mètres . . . 2500
___
3700

2o DANS LE CUBE DU DÉBLAI

des terres provenant des casemates de flanc . . . . . . . 500
id.      id.      des logements et des magasins construits
sous le rempart. . . . . . . . . 3000
id.      id.      du creusement des galeries de communication 5000
___
8500

Foisonnement : Maximum 1/6 ; Minimum 1/10.

ESCARPE.

Dans la construction d'un fortin isolé qui sera presque toujours livré à ses propres ressources et ne sera défendu que par une garnison très-restreinte, la pensée prédominante doit être de se mettre à l'abri des attaques de vive force, lesquelles ont rapidement raison de faibles garnisons mal abritées. Pour atteindre ce but, il est deux conditions essentielles à observer :

Il faut donner à l'ouvrage un revêtement d'escarpe indestructible, si possible, au moins par les moyens dont l'ennemi disposera dans la première période de la campagne.

Le corps-de-place doit être rendu inabordable, inaccessible même à l'ennemi, par des feux également indestructibles, afin que celui-ci ne tente pas l'escalade, ni ait recours à la mine.

La réalisation de ces deux conditions dans les limites les plus efficaces sera obtenue par un emploi judicieux et nouveau du fer.

Nous nous occuperons d'abord de l'escarpe, qui a offert à nos efforts les difficultés les plus grandes et qui, d'autre part, est le premier élément de sécurité de tout ouvrage.

Lorsqu'il s'agit d'appliquer le fer au revêtement d'ouvrages de fortification, l'idée qui se présente naturellement à l'esprit est de dresser, contre une solide maçonnerie, des plaques de métal que l'on maintient en place à l'aide de boulons.

Tout l'honneur de cette conception revient au général d'artillerie Paixhans qui, devançant son époque, osa introduire une proposition qu'il ne devait pas voir mettre sérieusement à l'épreuve.

Aujourd'hui, l'emploi du fer comme cuirasse n'est plus une nouveauté. Depuis 25 ans, la marine a enfanté sous ce rapport des prodiges. Mais c'est principalement dans ces dernières années que l'on s'est ingénié à faire l'application de ce procédé aux constructions militaires, et encore, en ce moment même, borne-t-on les essais aux batteries de côtes, la guerre franco-russe ayant démontré la faiblesse de semblables batteries lorsqu'elles sont décidément exposées au feu redoutable de l'artillerie des navires.

Les premiers essais ont été bientôt dépassés. Les épaisseurs des cuirasses ou des masques n'ont pas cessé d'aller en augmentant à mesure que croissait la puissance de l'artillerie navale.

On sait que les plaques de fer forgé, de 11 centimètres, soutenues par un bâtis de chêne, sont traversées, à 200 mètres de distance, par les projectiles des pièces de 15ᶜ frappant normalement; qu'une épaisseur de 20 centimètres de fer, avec bâtis de chêne de 25 centimètres et contre-plaque de 2 1/2 centimètres, n'offre pas un obstacle aux boulets de 22ᶜ (1). Eh bien ! ces masses de métal, dont l'emploi sur une large échelle paraissait, il y a dix ans, un problème inabordable pour les finances des Etats, sont aujourd'hui distancées. La Prusse vient tout récemment de nous donner, dans l'armement de ses forts de Kiel, un échantillon de ce que peut la volonté humaine en fabriquant, pour cuirasses de batteries de côtes, des plaques d'une épaisseur inconnue jusqu'à ce jour (2).

Si le cuirassement reçoit des applications nombreuses et est, chaque jour, l'objet de perfectionnements en tant qu'il concerne la guerre navale, il n'a pas progressé parallèlement en tant que l'on considère la guerre continentale. Certes, en imitant pure-

(1) Divers auteurs.
(2) Ces plaques sont un bloc carré de 1ᵐ de côté et de fer aciéré. En leur centre, elles ont 0ᵐ,50 épaisseur, et sur les bords 0ᵐ,60 et parfois 0ᵐ,75. Leur prix d revient n'est pas indiqué; mais il ne doit pas être inférieur, sans doute, à 500 fr. à la tonne, soit 2,500 fr. la plaque. De plaques semblables on forme une muraille en les superposant à la manière des pierres de taille dans les murs ordinaires. (*Revue militaire de l'Etranger*, livraison décembre 1874).

ment et simplement, dans le cuirassement des forteresses, le procédé de construction employé pour les vaisseaux, on arrive-rait au résultat désiré. Mais il n'est pas douteux que l'on ne soit entraîné, de cette façon, à des sacrifices énormes. Et pourtant il devient urgent de cuirasser les fortifications, si l'on veut que, à l'avenir, elles résistent aux coups foudroyants de l'artillerie moderne.

L'argent que l'on dépense pour les fortifications (1) n'est plus, dit-on, en rapport avec les services qu'elles rendent dans la réalité des choses, parce qu'elles n'ont pas reçu des perfection-nements équivalant à ceux de l'artillerie. Rien n'est plus vrai, et cet état d'infériorité provient de ce que, à l'inverse de l'art balistique, l'art du fortificateur est resté stationnaire pendant le dernier quart de siècle. Par leur armement imposant qui tient l'attaquant éloigné des glacis, les grandes forteresses peuvent encore résister. Mais il n'est pas de même des petites forteresses et, surtout, des forts isolés, dont une abondante distribution sur les lignes d'opération et sur les communications devient, aujour-d'hui, une nécessité plus impérieuse que par le passé.

Nos propositions tendront donc à rendre aux fortifications leur efficacité perdue, c'est-à-dire à leur restituer de sérieux éléments de durée. Nous ne parviendrons sans doute pas à ce résultat sans imposer de nouveaux frais; mais les sommes à y consacrer seront notablement inférieures à celles qu'exigerait un cuirasse-ment dans le sens propre du mot, tout en donnant aux fortifi-cations un accroissement de longévité tel que, d'onéreuses qu'elles étaient, les dépenses primitives et nouvelles, réunies, deviennent des plus fructueuses.

---

(1) Les écrivains militaires les plus estimés le reconnaissent avec douleur. Parmi eux, nous citerons notamment M. Viollet-le-Duc (ingénieur civil, qui servit comme volontaire, avec le grade de lieutenant-colonel du génie, pendant le siége de Paris), dont l'autorité n'est certes pas contestable.

Avant de développer notre théorie, nous aurons quelques observations à présenter.

Nos principes peuvent, du reste, être rendus applicables à la fortification des grandes places ; cependant, nous nous bornerons, dans ce travail, à envisager la construction de fortins isolés, indépendants, appelés à appuyer les opérations de l'armée de la défense, à contrarier les opérations de l'armée adverse.

Une armée qui manœuvre n'a, comme matériel roulant, que des pièces d'un calibre déterminé. On s'en tient, et l'on s'en tiendra longtemps encore, aux calibres de 8c et de 9c (soit les 4 et les 6 rayés, selon l'ancienne dénomination).

Une armée ne s'embarrasse pas d'un matériel lourd et encombrant en prévision de circonstances qui, peut-être, ne se produiront pas. Au moins se montrent-elles toujours prudentes sous ce rapport, afin de ne pas ralentir la rapidité des mouvements, qui importe tant au succès. Ce n'est que quand la prépondérance sur son adversaire lui est réellement acquise, qu'une armée se décide, pour renverser des obstacles que son artillerie ordinaire ne peut vaincre, à faire venir un matériel plus puissant et, par conséquent, moins mobile.

La dernière guerre n'a pas fait exception à cette règle. Dans l'avenir, il en sera de même que dans le passé.

Un matériel lourd, peu transportable, incommode à mettre en position, comporte des approvisionnements très-pondéreux. Il ne peut être retiré et mis promptement à l'abri s'il arrive que le siége doive être abandonné ou suspendu. Dans la plupart des cas, il faut que l'assiégeant prépose à sa garde un gros de troupes consistant, qui devient, par la fréquence des points attaqués, une cause de grande dissémination de l'armée.

Dans la guerre, il est donc une limite à l'échantillon d'artillerie que l'on met en usage pendant la période des opérations rapides.

Un échantillon plus fort est employé lorsque, le théâtre de ces opérations étant porté plus au loin, il importe de faire disparaître des obstacles secondaires qui gênent la sécurité des communications en arrière. Quant aux obstacles de grande valeur, tels que places fortes proprement dites ou camps retranchés, si, pour les réduire, il est nécessaire d'amener à pied d'œuvre un assortiment d'engins d'une puissance encore supérieure, on ne le fait, et on ne le fera encore, que lorsque, comme devant Paris en 1870, on a la certitude que les travaux de siége ne seront jamais sérieusement inquiétés.

Le but de nos forts étant d'arrêter les colonnes ennemies, qu'elles soient troupes ou convois, nous les constituerons pour résister à l'artillerie du premier échantillon, calibres de 8$^c$ et de 9$^c$, ainsi qu'à l'artillerie de la seconde période, calibre de 12$^c$. Nous ne croyons pas qu'il soit pratiquement utile de chercher l'invulnérabilité au calibre de 15$^c$, ou, au plus, au calibre supérieur au 15$^c$ fretté, l'armement pouvant, au besoin, procurer une sécurité convenable pendant un laps de temps suffisant.

F. $\frac{1}{V}$

L'emploi de plaques continues, dans le cuirassement des fortifications, demande d'abord une excellente maçonnerie qui leur serve de soutien. Les plaques sont, en outre, boulonnées contre cette maçonnerie, et il semble qu'il convienne de faire en sorte que les boulons ne soient pas espacés, en hauteur et en largeur, de plus de 1 mètre. Ainsi, quatre plaques contigües de 1 mètre carré surface, offriraient 16 boulons. Une plaque unique de 4 mètres seraient maintenue en place à l'aide de 10 boulons. Quant aux épaisseurs à donner aux plaques, il est présumable (mais nous ne connaissons aucune expérience qui confirme nos suppositions) qu'une épaisseur de 11 à 12 centimètres ([1]) suffira

---

(1) Nous *supposons* ces valeurs, d'après les chiffres renseignés page 63 ci-dessus, lesquels sont cités d'après des sources authentiques.

contre les projectiles du calibre de 12ᶜ tirés du logement sur la contre-escarpe, et 8 à 9 centimètres contre les projectiles du calibre de 9ᶜ. On pourrait, ainsi, établir comme règle pratique que l'épaisseur des plaques répond, en centimètres, au calibre des pièces de l'attaque.

Partant de ces données, nous voyons qu'un revêtement de 200 mètres de longueur et de 8 mètres de hauteur, s'il doit résister à des projectiles du calibre de 12ᶜ, absorbera, sans la maçonnerie, les boulons et les contre-plaques, un massif de fer forgé équivalant à 175 mètres cubes, qu'il serait très-laborieux de mettre en place.

La maçonnerie elle-même aurait, sans doute, une épaisseur tout au moins égale aux 2/3 de l'épaisseur normale, soit $2/3 \times 2/5 \times 8^m = 2$ mètres (¹). Si l'on fait usage de plaques de $1^m$ L. sur $8^m$ H., chaque mètre de longueur de la face exigerait 18 boulons de $2^m,25$ de longueur, et 2 contre-plaques de $0^m,20$ L., sur $8^m$ H. et 0,05 E. Enfin, une longrine en fonte règnerait le long du pied de l'escarpe, pour recevoir la tranche inférieure de toutes les plaques et en supporter le poids.

Tout ce que nous disons ici se rapporte naturellement à une maçonnerie pleine adossée à un massif de terre et que l'on se proposerait de cuirasser ; car s'il s'agit d'un mur isolé, non soutenu en arrière, son épaisseur devra être de beaucoup plus considérable, afin que l'ébranlement dû au choc des projectiles ne le désagrège pas rapidement.

Il en résulte que le cuirassement d'un revêtement en décharge n'est pas praticable dans les conditions actuelles, le mur de masque ne pouvant jamais avoir une épaisseur qui offre toute

---

(1) L'on sait que, dans les escarpes de Vauban, qui, encore aujourd'hui, jouissent, auprès des techniciens, d'une réputation qui ne s'est pas amoindrie, l'épaisseur, à hauteur de poitrine d'homme, est égale aux 2/5 de la hauteur totale de la maçonnerie.

la garantie désirable. On est donc absolument impuissant quant à ce genre de revêtement, à moins d'augmenter l'épaisseur des plaques dans une proportion notable et, en outre, de les arc-bouter par une charpente spéciale en fer.

On voit, par ce qui précède, que la masse totale de fer employée par 1 mètre carré de surface pour cuirasser un revêtement plein, ne différera pas sensiblement du chiffre de $0^m,12$ et sera, sans doute, notablement plus forte. Or, nous croyons que cette masse de fer peut être mise en œuvre de telle façon que la maçonnerie serait supprimée entièrement, ainsi que le boulonnement, etc., et que, malgré cette économie fort importante, on obtiendrait un revêtement plus résistant que celui qui sert de point de départ à notre démonstration ; susceptible peut-être de tenir contre les projectiles d'un calibre plus élevé, tel que le 15ᶜ. D'où nous concluons que, à égalité de résistance, un revêtement selon notre système, et qui serait à l'épreuve contre le 12ᶜ, emploiera un volume de fer notablement moindre que le précédent.

C'est ce que nous allons essayer d'établir.

Deux procédés nous paraissent devoir être recommandés, laissant à l'expérience le soin de déterminer lequel, en tenant compte des frais et des difficultés de construction, mérite la préférence. Nous ferons d'abord la description du procédé le plus coûteux, lequel offre l'avantage d'une simplicité incontestable. Nous passerons ensuite au second, qui, quoique compliqué en apparence, en tant que mise en place, paraît joindre, à une efficacité tout aussi complète, une économie très-sérieuse ainsi que d'autres avantages.

### Revêtement tubulaire.

Le principe sur lequel nous nous appuierons pour composer notre revêtement est celui-ci : **Il vaut mieux faire dévier**

**le projectile, lui tracer sa route, plutôt que de chercher à l'arrêter.** Notre but tendra toujours, en conséquence, à faire ricocher le projectile, à le détourner de son but, pour le forcer à se perdre là où il ne peut nous faire éprouver que le moindre dommage.

Le moyen le plus simple pour faire dévier le projectile est de construire un revêtement à jour, c'est-à-dire ne présentant pas une surface plane continue, mais une surface percée de très-grands vides. Un revêtement semblable, vu de la contre-escarpe, aurait l'aspect de couches successives de tubes ouverts aux deux bouts et placés perpendiculairement au rempart.

Si la carcasse qui circonscrit les vides, c'est-à-dire l'enveloppe du tube, est suffisamment résistante, les projectiles iront tous s'enterrer dans le massif du rempart sans entamer le revêtement.

F. $\frac{1}{11}$

En considérant le cas d'un tir à distance, que ce soit dès 2000$^m$, ou bien du pied du glacis c'est-à-dire à 70 ou 50$^m$ du bord de la contre-escarpe, un revêtement tubulaire est invulnérable, puisque la chance d'atteindre les diverses parties de la carcasse est très-petite. Au contraire, dans le cas du tir en brèche d'une batterie placée dans le couronnement, l'assaillant n'obtiendra de résultat appréciable, dût-il même n'être pas entravé dans la construction de sa batterie, qu'après un tir d'une durée, croyons-nous, dont on n'a pas d'exemple lorsqu'il s'agit de renverser un revêtement plein.

La sécurité qu'un revêtement à jour offre contre l'escalade est tout aussi complète qu'avec un revêtement plein. En effet, que faut-il contre l'escalade, c'est que le parement général maintienne les terres sous une grande raideur, que ce parement soit même, si possible, vertical. Or, un revêtement à jour ne permettra pas plus l'apposition d'échelles, ou le franchissement en s'aidant des aspérités, qu'un revêtement plein.

Ces préliminaires étant posés, disons comment est composé notre revêtement. Il est formé d'assises successives, A, A, A, A, ...., de tubes en fer, α, α, α, α,...., disposés tant pleins que vides, ainsi que le montre la fig. 1. Cette disposition ressemble à celle usitée dans l'appareillement de la pierre de taille et de la brique. Les ouvertures antérieures des tubes sont tournées vers la campagne, les ouvertures postérieures sont adossées aux terres de l'excavation.

F. $\frac{10.11.12}{II}$ Les tubes ont donc quatre faces métalliques, savoir : deux faces horizontales, αβ, cƆ (fig. 10) — nous conviendrons de les appeler *couchis* —, et deux faces verticales, α c, βƆ (fig. 11), que nous désignerons par le terme de *cloisons*. Ils ont aussi deux côtés vides, que nous dirons *tranche antérieure* ou *tête*, et *tranche postérieure* ou *queue*.

La fig. 11 donne exactement la forme du couchis, qui est un rectangle plein ; la fig. 12 donne celle de la cloison, qui est également un rectangle, mais évidé, ce dont nous dirons les motifs. Nous fixerons tantôt les dimensions de toutes les parties de notre tube.

Voyons ce qui se passe dans la réalité des choses, lorsque l'ennemi a établi des travaux de sape le long de la crête du glacis.

Deux circonstances s'offrent à l'examen : 1° *Les batteries de brèche s'étendent devant le saillant de l'ouvrage ; 2° ou bien elles s'étendent devant le saillant de la caponnière.*

1ᵉʳ CAS. — *La batterie de brèche se trouve devant le saillant de l'ouvrage.*

Faisons, dans la face de l'ouvrage et dans le voisinage du lieu de la brèche probable, une coupe transversale AA.

F. $\frac{9}{VI}$ La sape du couronnement aura, sans doute, vers la place, un parapet de 6 mètres d'épaisseur, et la genouillère de l'embrasure sera à 2 mètres environ sous la crête du glacis. Pour atteindre le revêtement aussi bas que possible, l'affût devra recevoir, par sa plate-forme, une inclinaison très-grande, puisque, d'ordinaire, la vis de pointage ne donne, au plus, que l'angle de 5°. Admettons que l'on arrive à obtenir, pour la ligne de tir, l'inclinaison de 1/5, soit de 12$^g$,50 environ (et nous croyons qu'il n'est guère possible d'aller au-delà). Dans cette position, le boulet viendra frapper le revêtement à 4 mètres au-dessous de la magistrale. Si le revêtement est plein, le boulet pénètrera, puisqu'il ne fait, avec la normale au parement, qu'un angle de 12$^g$,50. Mais dans le cas d'un revêtement tubulaire, le boulet rencontrera la surface supérieure du couchis du quatrième tube sous un angle de 187$^g$,50, et il ricochera dans la direction du massif du rempart si l'épaisseur du couchis heurté est suffisante. A plus forte raison, le ricochet est assuré dans les assises supérieures, où l'angle de chute du boulet s'agrandit successivement jusqu'à 195$^g$.

Si le boulet frappe la cloison au lieu du couchis, il ricochera encore, parce que, même dans l'hypothèse où la direction horizontale du pointage ferait avec la normale au revêtement un angle de 30° (ce qui est l'hypothèse la plus désavantageuse pour la résistance de la cloison), l'angle au point du choc aura, tout au moins, la valeur de 150° (soit 166$^g$ $^2/_5$).

Ainsi, lorsque l'on considère une batterie de brèche placée devant le saillant du fort, il suffit que les assises supérieures présentent une résistance convenable au boulet, pour que la chance de faire une brèche praticable soit réduite au minimum. En outre, les cloisons doivent posséder une résistance intrinsèque plus forte que les couchis, lesquels ne seront jamais soumis à des chocs aussi considérables.

Remarquons que, dans une batterie de brèche A', l'amplitude du champ de tir de la pièce est forcément limitée par les conditions du percement de l'embrasure. Nous croyons que, dans

.l'état actuel de l'artillerie, on ne peut songer à dépasser l'angle de 30° de chaque côté de la perpendiculaire au massif couvrant. Par conséquent l'angle le plus normal sous lequel le boulet rencontrera les cloisons sera de 30° ou de 33$^g$ $^1/_5$.

Il est vrai que, à l'inverse, la contre-batterie pourra attaquer les cloisons par un tir tangentiel au revêtement. Or, cette occurrence rentre dans le 2$^d$ cas que nous allons examiner.

F. 11, 1
VI

2$^d$ Cas. — *La batterie de brèche se trouve devant la pointe de la caponnière.*

Faisons ici une coupe oblique, BB, passant par l'axe de l'une des branches du fossé-caponnière, et traçons, comme ci-dessus, la sape du couronnement de la crête du glacis. L'éloignement où l'on est actuellement de l'escarpe permet d'atteindre le parement du revêtement jusqu'au pied, sans devoir donner à la pièce une inclinaison supérieure à 1/7, soit 9$^g$ ; mais l'angle sous lequel le boulet rencontrera les couchis des assises successives restera toujours compris entre 191$^g$ et 200$^g$.

Des positions successives, B$^1$, B$^2$, B$^5$, que peuvent occuper les pièces, la direction du tir s'étendra par dessus la caponnière et découvrira tout le demi-front opposé de l'ouvrage, depuis l'angle de courtine jusque près du saillant du bastion. Ici le revêtement sera battu d'écharpe et les cloisons des tubes souffriront surtout, puisque les angles de percussion des boulets croîtront successivement de 0$^g$ jusqu'à 100$^g$ ; en d'autres termes, puisque les cloisons sont rencontrées par les boulets sous des angles se rapprochant d'autant plus de l'angle droit, que l'on vise un point de l'escarpe plus éloigné de la courtine et plus rapproché du saillant.

La même démonstration s'applique, comme nous le disons plus haut, à la contre-batterie placée devant le saillant.

De ces considérations il résulte que les couchis auront toujours peu à souffrir, mais que ce qu'il nous importe de renforcer ce sont les cloisons, si on ne veut pas courir le risque de voir, après quelques coups de canon, toute la construction s'écrouler comme un château de cartes ; il importe également que le revêtement soit constitué d'une façon homogène depuis le pied jusqu'au sommet.

Partant de ces conclusions, voici quelles dimensions nous donnerons à nos tubes :

*Longueur*, mesurée sur le revêtement . . . . . . . 5ᵐ00
*Profondeur*, id.   perpendiculairement au revêtement 1ᵐ50
*Hauteur*,   id.   sur le   id.   2ᵐ00
*Épaisseur de la tôle* { des couchis. . . . . . . 0ᵐ05
( des cloisons . . . . . . 0ᵐ10

F. $\frac{10, 11, 12}{II}$ $\frac{13, 14}{II}$

Il nous est possible, actuellement, de déterminer le nombre des tubes nécessaires pour le revêtement d'une face de 200ᵐ de longueur qui doit être revêtue sur une hauteur de 8 mètres, ainsi que la dépense de fer à laquelle on sera entraîné. Avant de procéder aux calculs, nous ferons deux observations.

La première est relative aux cloisons, qu'il est très-inutile de faire continues, c'est-à-dire pleines. Nous croyons même que, outre l'économie, il y a avantage, sous d'autres rapports, à les évider. Le rectangle, *bb′ꝺꝺ′* (fig. 12), étant la représentation, en élévation, de la cloison, nous en supprimerons la partie centrale, *ꝧꝧ′ ꞇꞇ′*, de façon à transformer cette cloison en un cadre de 0ᵐ,10 épaisseur, dont les bords ont respectivement les largeurs suivantes :

bord antérieur 0ᵐ,30 ; bord postérieur 0ᵐ,30 ;
bord inférieur 0ᵐ,15 ; bord supérieur 0ᵐ,05 ;

Le rectangle enlevé a, par conséquent 0ᵐ,90 base sur 1ᵐ,70 hauteur.

La seconde observation se rapporte aux saillants des bastions. Les boulets qui seront lancés de plein fouet, en écharpe, d'une

batterie couronnant le fossé-caponnière (fig. 1), et qui viendront
heurter les tubes formant le revêtement de ce saillant, exposent
à déranger l'économie de la construction ; ils finiront certainement par abattre tous ces tubes et produire l'écroulement du
saillant dans le fossé. Pour éviter un semblable désastre, il importe que les tubes soient reliés l'un à l'autre d'une façon particulière. A cet effet, nous ferons usage, dans les saillants, de
tubes dont la dimension en longueur sera de 3$^m$,75 (ou 5$^m$ × 3/4)
au lieu de 5$^m$,00, pour mêmes profondeur et hauteur 1$^m$,50 et
2$^m$,00. C'est donc un échantillon spécial de tubes, lesquels nous
permettront d'obtenir une liaison plus parfaite.

F. $\frac{1, 2, 3, 4}{II}$ Remarquons que, au saillant, les têtes et les cloisons des tubes
des assises successives alternent sur les parements, en sorte que
la disposition des tubes dans une assise se reproduit, mais
inversement, dans l'assise suivante, et ainsi de suite. Pour la
bonne liaison, il faut que, dans une assise, les joints de deux
tubes contigus correspondent aux milieux des pleins des tubes
des assises inférieures. Dans le plein de la face, cette condition
est facile à réaliser. Vers le saillant, voici ce qui se passe d'après
la fig. 2. Tous les tubes de la 1$^{re}$ assise ayant été placés *en
panneresses*, il arrive que le tube n° 1 de cette assise fait *boutisse*
sur le parement de la face voisine. Pour raccorder ce premier
tube avec le reste du revêtement, tout en satisfaisant à la condition d'une bonne liaison, nous le ferons suivre, sur la face
voisine, de quatre de nos tubes du second échantillon, ƀ, ƀ, ƀ, ƀ,
qui formeront également boutisses sur le parement. Nous
obtenons ainsi cinq tubes, qui présentent, dans le parement
latéral, leurs cloisons de 1$^m$,50 de base et qui, par conséquent,
occupent une longueur de 7$^m$,50 de ce parement à partir du
saillant, soit 1 1/2 longueur de tube du premier calibre.

Nous répéterons cette disposition, mais inversement, dans la
2$^{de}$ assise, puis successivement dans les 3$^{me}$ et 4$^{me}$ ; ce qui donne

la fig. 1. On voit que, de la sorte, la masse de fer qui entre dans la composition du revêtement du saillant est augmentée dans une notable proportion.

Le *rivetage* (¹) des tubes l'un à l'autre, toujours nécessaire en toutes les parties du revêtement, est, au saillant, plus nécessaire encore, en vue de compléter la liaison et la rigidité de l'appareil. Nous admettons que, dans le plein de la face, les couchis de deux tubes superposés seront réunis par 2 rivets, et que les cloisons de deux tubes accolés le seront de même à l'aide de 4 autres. Vers le saillant il en faudra certes un plus grand nombre, afin de rendre la dépendance de tous les éléments le plus complète, et cette condition sera aisément réalisable.

Les cloisons des tubes, qui, aux saillants, se présentent en boutisses dans le parement, ne se trouvant pas accolées à d'autres comme il arrive aux cloisons noyées dans le revêtement, n'offrent peut-être plus la résistance suffisante. Ces cloisons extérieures devront, en conséquence, être renforcées à l'aide de *cadres* isolés, de même forme et mêmes dimensions que les cloisons, préparés à l'avance, et que l'on boulonnera sur les têtes des tubes avant de hisser ceux-ci en place.

F. $\frac{5, 6, 7}{II.}$

Les angles de courtine ou de rentrants ne réclament pas une disposition différente de celle adoptée pour le plein du parement; mais, dans les angles d'épaule (tour centrale), les mêmes difficultés qu'au saillant du bastion se présentent, quoiqu'à un degré moindre puisqu'ils sont couverts en grande partie par la caponnière. Nous y appliquerons donc la même construction qu'au saillant du bastion, sauf à tenir compte de cette circonstance que les cloisons qui se présentent dans le parement n'auront, sans doute, pas besoin d'être renforcées, si ce n'est celles de

---

(1) Néologisme qui rend mieux la pensée que l'expression *boulonnement*, dans le cas actuel.

l'assise supérieure (laquelle, seule, est directement exposée aux projectiles), et que les tranches des tubes dans le parement devront être découpées obliquement, ce qui peut s'obtenir aisément par l'application de cadres de renfort spéciaux tels que le montre la fig. 6.

F. $\frac{8.9.2.5}{11}$ Enfin, pour assurer une complète adhérence des couchis contigus, il y aurait lieu de munir l'un d'un rebord qui recouvrirait la tranche du deuxième, ainsi que le représente la fig. 8. Une précaution analogue serait prise pour assurer la dépendance des cloisons contigües (fig. 9).

Nos dispositions étant ainsi bien définies, calculons quelle est la quantité de fer employée dans le revêtement d'une face.

Le tube étant notre unité, il y a à déterminer le nombre de tubes qu'absorbera la pose d'une assise et d'en faire le cubage.

Les tubes ont 5 mètres de longueur et la face de l'ouvrage 200 mètres. Une assise comporte donc :

— 1° D'un saillant à l'autre, et sans tenir compte des onglets communs à deux faces (fig. 2) . . . . 40 tubes

— 2° Dans chaque saillant, un supplément de portions de tubes simples qui, réunies, peuvent, d'après la fig. 3, être évaluées par saillant à 1 tube, ce qui, pour deux bastions et deux angles d'épaule, donne . 4 id.

Total par assise . . . . 44 tubes.

Les dimensions de chaque tube étant connues, le volume de fer sera donné par le tableau ci-contre :

| NOMBRE DE TUBES existant dans une ASSISE. | DÉTAILS PAR UNITÉ DE TUBE. | | DIMENSIONS DE L'UNITÉ | | | Nombre des unités par tube. | Produits des facteurs ci-contre. | Volume total par unité. | VOLUME PAR ASSISE. |
|---|---|---|---|---|---|---|---|---|---|
| | | | Longueur ou hauteur sur le revêtement. | Profondeur perpendiculaire au rempart. | Épaisseur. | | | | |
| | | | M | M | M | | M³ | M³ | M³ |
| | COUCHIS. | Plein . . . | 5.00 | 1.50 | 0.05 | 2 | +0.75 | | |
| | | A déduire : partie comprise dans le calcul de la cloison ci-dessous . | 0.10 | 1.50 | 0.05 | 2 | —0.015 | 0.735 | |
| | CLOISON. | Plein . . . | 2.00 | 1.50 | 0.10 | 2 | +0.60 | | |
| | | A déduire : valeur de l'évidement . . | 1.70 | 0.90 | 0.10 | 2 | —0.32 | 0.28 | |
| | | TOTAL. . | | | | | | 1.015 | |
| 44 | TOTAL D'UNE ASSISE . . . . . . . | | | | | | | | 44.66 |

Ainsi le volume de fer d'une assise est de 44,66 mètres cubes.

Or la surface de parement revêtue, par assise, étant de 200ᵐ L. × 2ᵐ,00 H., ou 400 mètres carrés, le fer employé par unité de surface équivaut à 0ᵐ,11, soit à la quantité qu'exige le revêtement par plaques continues, sauf qu'il y a disparition totale de maçonnerie, de boulonnement, de contre-plaques et de semelles.

Nous prétendons pourtant que ce revêtement offrira aux boulets une résistance plus grande que le procédé par plaques continues. En effet, les *couchis* de deux tubes superposés forment une épaisseur totale de métal de 10 centimètres, que les boulets pleins frapperont sous un angle très-doux dont la valeur a été indiquée ; quant à l'épaisseur de fer des *cloisons* contigües de deux tubes accolés, elle est de 20 centimètres, c'est-à-dire plus que suffisante à résister aux boulets des pièces de 15c.

Nous croyons donc pouvoir affirmer, sans craindre que les expériences ne viennent nous contredire, qu'un revêtement ainsi constitué sera indestructible par les pièces de campagne, et même par les pièces de 12c.

Quant aux obus que ces pièces pourraient lancer, ils éclateront inévitablement par le choc. Ceux qui, au contraire, seraient tirés de plein fouet dans le vide, agiront dans le massif du rempart à l'instar de fougasses, de globes de compression, dont les effets se feront sentir suivant la ligne de moindre résistance, c'est-à-dire précisément dans l'axe de la direction de pénétration. Il est vrai de dire que, à la longue, l'effet d'ébranlement souterrain produirait sur la forme générale et l'assiette du parapet, et des batteries qu'il protège, des résultats fâcheux pour la consistance de l'ouvrage, mais ce danger ne se produira qu'après un nombre de coups d'obus très-considérable. Du reste cet inconvénient pourra être aisément conjuré par une disposition analogue à celle que nous décrivons dans les « Dispositions diverses », à l'occasion d'une batterie flanquante spéciale dite Mâchecoulis.

**Modifications.** — La fabrication, le charriage à pied d'œuvre et la mise en place de tubes de dimensions semblables (qui pèsent plus de 7 $\frac{1}{2}$ tonnes chacun) ne seront pas chose des plus aisées. D'autre part il est acquis que deux plaques de fer jointives sont bien moins résistantes qu'une plaque unique d'une épaisseur égale à celle des deux plaques réunies.

Ces considérations nous portent à recommander, dans la construction, un procédé simple et économique. C'est de monter sur place les diverses parties des tubes, dont on évitera, ainsi, de faire le montage à l'atelier.

Voici ce que nous proposons.

Nous fabriquons à part des cloisons et des couchis, d'échantillons doubles des parties correspondantes de nos tubes. Une assise ayant été terminée, nous dressons en place, d'un bout à l'autre de la face, toutes les cloisons de l'assise suivante, puis nous les recouvrons de toute la succession des couchis qui en forment le toit. Cette opération est donc des plus simples.

Dans la pratique, nos pièces élémentaires pourront même avantageusement recevoir les transformations suivantes :

Les cloisons auront la forme et les dimensions indiquées par F. $\frac{13, 16, 17, 18}{11}$ la fig. 15. Leurs traverses inférieures seront renforcées comme le fait voir la coupe fig. 17, afin de mieux résister aux projectiles, et de posséder une stabilité propre plus grande dès le moment de leur dressement en place. L'épaisseur de ces cloisons doubles pourra, sans doute, être ramenée à 15 centimètres au lieu de 20.

Sur les traverses supérieures et inférieures s'effectue le *rivetage* des couchis.

De même, les couchis recevront une longueur double, soit 10 mètres au lieu de 5, de façon à recouvrir deux intervalles entiers. De distance en distance, des mortaises seront pratiquées dans ces plaques, pour le passage des rivets qui les fixent aux cloisons. En donnant à nos couchis une épaisseur de 6 centimètres, il y a lieu de croire que l'on obtiendra une résistance au moins égale à celle que présentent des couchis jointifs formés par la superposition de deux tubes, et dont l'épaisseur de métal est de 0$^m$,10.

En disant que nous réduisons à 0$^m$,06 l'épaisseur des couchis, nous entendons parler de l'épaisseur moyenne, car, dans notre estime, il est nécessaire que leur bord dans le parement extérieur soit porté à 0$^m$,12, par l'adjonction d'un renflement tel que l'indique la section (fig. 18) faite par un plan perpendiculaire à la face. Sans cette attention, il serait à craindre que le choc de boulets venant frapper la partie antérieure du couchis en son arête, ne finît par détruire trop aisément ces plaques et, bientôt, par les couper suivant un plan normal au revêtement.

On voit que, par cette modification au système tubulaire primitif, le travail de pose de tous les éléments du revêtement peut s'exécuter partout en même temps dans une même assise, pendant que s'achève le boulonnement à rivets chauds dans toute l'étendue des assises déjà posées, et sans gêner en rien les autres opérations de la construction, telles que terrassements et maçonnerie des locaux. L'ouvrier a, d'ailleurs, toute l'aisance désirable dans sa besogne puisque la hauteur, 2 mètres, de l'intervalle entre deux couchis, lui laisse la latitude la plus grande de tous ses mouvements.

Le revêtement ainsi construit, pièce par pièce, n'exige plus l'emploi d'une grande masse de fer exceptionnelle vers les saillants; quelques cloisons supplémentaires suffiront à consolider cette partie. Cependant les cloisons de l'assise inférieure devront reposer sur une solide fondation de maçonnerie, qui sera surmontée d'une semelle de fonte tenant lieu du premier couchis de fer, supprimé. Nous reviendrons plus loin sur cette circonstance.

En résumé, notre revêtement n'absorbera plus qu'une quantité de fer forgé équivalant, tout au plus, à une épaisseur de $0^m,09$ par mètre carré de surface revêtue, ainsi que le calcul le ferait voir.

**Revêtement tubulaire définitif.** — L'on remarquera que, dans cette méthode de construction, modifiée, nous conservons aux cloisons les emplacements qu'elles occupaient dans le procédé par tubes accolés et superposés. Les vides du parement sont donc encore disposés à l'instar des pierres d'appareillement, de telle sorte que la cloison d'une assise repose sur le milieu du couchis de l'assise inférieure.

Mais cette disposition n'est pas obligatoire. Il y a même avantage à ce que les cloisons de tous les étages soient superposées. En introduisant dans notre revêtement cette dernière modification, on obtient un parement dont l'aspect, reproduit par la fig. 31, *est exactement celui des échafaudages des peintres en bâtiments.* F. $\frac{31}{II}$

Dans cet ordre d'idées, on s'apercevra aisément que la construction des cloisons est ramenée à une formule d'une très-grande simplicité, savoir : Deux colonnes identiques placées, l'une en avant vers le parement, et l'autre en arrière, reliées, de $2^m$ en $2^m$ de hauteur, par des traverses qui supportent les couchis.

En considérant ce revêtement de face, nous dirons que les colonnes antérieures forment, avec le bord des couchis, ce que nous nommerons l'*appentis antérieur* — et que les colonnes postérieures forment, avec le bord postérieur de ces mêmes couchis, ce que nous désignerons de l'appellation de *appentis postérieur*.

En le considérant dans le sens perpendiculaire au rempart, nous voyons que les cloisons sont, en définitive, devenues des fermes, formées des colonnes et de leurs traverses.

Les fig. 20 à 28 donnent la forme de ces colonnes, de leurs traverses, ainsi que des couchis. Les traverses seront, d'ailleurs, maintenues en place, aux hauteurs convenables, par de simples tenons ou chevilles que l'on introduira dans des mortaises ménagées dans les colonnes. F. $\frac{20 \text{ à } 28}{II}$

La construction du revêtement tubulaire devient donc, de la sorte, une opération très-simple, qui consiste dans les sous-opérations suivantes : Fabrication à l'atelier de pièces linéaires ; dressement des colonnes sur toute l'étendue de la face à revêtir ; coiffement des traverses du $1^{er}$ étage ; apposition des couchis, qui sont percés d'ouvertures correspondant aux colonnes; callage des couchis sur les colonnes à l'aide de coins en fer. L'opération se continue par le coiffement des traverses du 2ᵈ étage; l'apposition des couchis qui arrivent à la hauteur du 4ᵉ mètre, etc., etc., jusqu'à atteindre la hauteur totale que l'on veut donner au revêtement.

Tel est notre revêtement tubulaire.

F. $\frac{51 \text{ à } 54}{11}$ Ajoutons que, pour la stabilité des colonnes dans le sens de la longueur de la face de l'ouvrage, il convient de leur donner du *pied*, à l'aide de *boutants* que l'on disposera dans les deux appentis (antérieur et postérieur), en alternant leur placement contre les cadres de la manière que le montre la fig. 32-33.

Pour neutraliser la poussée des terres dans le sens perpendiculaire à la face de l'ouvrage, il conviendra, tout d'abord, de donner aux colonnes antérieures un *fruit* de 0ᵐ,50 (fig. 34). En outre les couchis, auxquels nous donnerons 2 mètres de largeur perpendiculaire au rempart, afin de mieux soutenir les terres, seront placés normalement à ce premier rang de colonnes et auront, ainsi, une inclinaison d'avant en arrière de 1/2 pour 8 ou de 4ᵍ. Enfin, toujours en vue de neutraliser les effets de cette poussée, les traverses n° 1 et n° 3 seront, de 20ᵐ en 20ᵐ (soit de 4 en 4 travées), reliées à des *colonnes-contreforts* (nom que l'aspect de la figure 34 nous a suggéré) en fonte, noyées dans le rempart à 6 mètres de la magistrale.

Ces colonnes-contreforts seront arc-boutées du côté de l'escarpe par un ou deux étançons, ce qui, dans le premier cas, donne la figure $\frac{5}{V}$; et, dans le second, celle d'une sorte de pied de géomètre, très-ouvert à la base.

Sans doute cependant, il n'est pas absolument nécessaire que ces colonnes soient métalliques ; des *dés* en bonne maçonnerie peuvent, également bien, servir de point d'attache aux *liens*.

Les *liens* qui réunissent les dites traverses aux colonnes-contreforts seront, quant à leur section transversale, de même échantillon que ces traverses. ¡Leur longueur atteindra 5$^m$,50 mesure relevée sur la fig. 34.

Enfin les boutants seront de même forme que les colonnes des appentis, et la longueur respective de chacun d'eux sera 5$^m$,50, comme le démontre la fig. 32-33.

Le calcul de la masse de toutes les pièces de notre revête-ment, dont les dimensions sont établies par les développements précédents, donne, par travée de 5$^m$, en supposant leurs sec-tions transversales exactement rectangulaires, ce qui n'est pas :

— deux colonnes d'appentis, de 8$^m$ hauteur et de
    section de 0$^m$,15 × 0$^m$,30 . . . . . . . . M$^3$ 0,72
— cinq traverses, de 2$^m$ longueur et de section de
    0$^m$,05 × 0$^m$,30, dont une en fonte servant de
    semelle. . . . . . . . . . . . . . 0,15
— quatre couchis, de 2$^m$ longueur perpendiculaire à
    la face, et de section de 0$^m$,07 (épaisseur moyenne)
    × 5$^m$ largeur mesurée sur la magistrale. . . . 2,80
             En tout. . . . . . M$^3$ 3,67

Ce qui correspond, pour une surface de 5$^m$ × 8$^m$ de revête-ment (une travée), à 0$^m$,09 épaisseur de fer.

A ce résultat il faut ajouter :

— 1° par travée de 5$^m$ : deux boutants de 5$^m$,50 lon-
    gueur et de section égale à celle des colonnes . . M$^3$ 0,495
— 2° par quadruple travée, ou par 20$^m$ courants :
    une colonne-contrefort tronco-pyramidale en fonte,
    enterrée, de hauteur 7 mètres et de base
    $\frac{\text{inférieure } 0^m,60 \times 0^m,40}{\text{supérieure } 0^m,30 \times 0^m,20}$ . . . . . . . 1,050
    deux liens de 5$^m$,50 longueur, et de
    section analogue à celle des traverses . . 0,105
             somme . . . . 1,215
        dont 1/4 par travée de 5$^m$, ou . . . 0,305

La travée simple de 5$^m$ est donc renforcée d'une masse de fer en fonte équivalant à. . . . . . . M$^3$ 0,800 masse qui, ramenée à la valeur de la surface revêtue, $5^m \times 8 = 40^{m^2}$, donne un surcroît de fer de $0^m,02$ épaisseur. Ainsi, la quantité de fer par unité de surface revêtue, équivaut au chiffre de $0^m,11$.

F. $\frac{35}{II}$ Nous nous permettrons cependant une dernière modification, qui nous dotera de la forme **la plus définitive** de notre revêtement. C'est qu'il y a le plus souvent avantage, au lieu de disposer les colonnes des *fermes* en des plans perpendiculaires à l'escarpe, de les disposer en quinconce ainsi que le fait voir le croquis Fig. 35.

Nous ne terminerons pas le chapitre relatif au revêtement tubulaire, sans faire une réserve importante.

Les colonnes dessinées Fig. 20 à 28, paraîtront bien un peu trop efflanquées — et ce n'est peut-être pas à tort. Cette forme leur a été provisoirement conservée comme étant une conséquence des démonstrations et des dessins précédents, parce que nous n'avons point encore développé certaines considérations qui seront traitées complètement lorsque nous ferons l'étude du revêtement par arcades. Nous ferons connaître alors ce que nous recommandons en général pour celles des colonnes qui ont un rôle prépondérant dans nos armatures, — qui en sont *la pierre angulaire*. Disons de suite

F. $\frac{36}{II}$ cependant, afin de ne pas scinder de façon trop absolue ce qui est relatif à cet objet, que la Fig. 36 donne la forme qu'affectera la section transversale de ces colonnes, que nous composerons d'un noyau de fonte et d'une enveloppe de fer.

F. $\frac{5}{V}$ Pour le coup d'œil et pour la bonne surveillance de l'ouvrage pendant la paix, il serait désirable de combler tous les creux des tubes, d'une manière quelconque, au moins autant que

possible. Si, d'autre part, l'on envisage les éventualités d'une
attaque, ce comblement serait particulièrement utile pourvu qu'il
soit effectué, non pas simplement à l'aide de terre, non pas même
en maçonnerie, ce qui serait coûteux, et peu efficace, mais en
faisant usage de matériaux durs et d'un maniement facile, ne
coûtant relativement que peu tout en produisant des effets mé-
caniques qui ne le cèdent pas à ceux d'une bonne maçonnerie.
Nous voulons parler d'un ballast composé de blocailles de pierres
et de gravier marin ou de sable soit quatzeux, soit siliceux, ou
même de scories vitreuses d'usines, concassées, — toutes choses
que l'on trouve en abondance dans toutes les parties de notre
pays. L'action des boulets tirés contre la charpente de fer du
revêtement sera, en effet, bien amoindrie, s'ils doivent percer
un semblable remblai. Quant aux obus, outre que la pénétration
de ces projectiles et l'effet redoutable de leur éclatement dans
la profondeur du massif en seraient bien diminués, ils projette-
raient dans les tranchées, c'est-à-dire sur les assaillants mêmes,
des éclats nombreux et dangereux qui les obligeraient à se
couvrir même contre l'effet de leur propre artillerie.

Il est à remarquer que, à 60 mètres de distance, les boulets
de 9$^C$ pénètrent, dans une bonne maçonnerie, d'une profondeur
de 0$^m$,75. Or, si on excave le rempart en arrière de la magistrale
sur une épaisseur de 3 mètres, pour remplacer par du ballast
la terre extraite, on compose une sorte de poudingue peu
coûteux et très-résistant, dans lequel se noie en totalité le
revêtement. Le cube total de pierres concassées nécessaire pour
le bouchage des tubes, n'atteindrait pas, pour une face, plus de
1500$^{m5}$. Si on creuse le terrain en arrière, comme nous le
proposons, le cube de ballast équivaudrait à environ 3500.

On a vu que ce creusement du rempart et le comblement, à
l'aide de ballast, de l'excavation produite, entraient déjà dans
nos intentions lorsque nous avons fait la balance des déblais et

remblais, et que nous en avons compris l'estimation dans nos calculs.

Cette particularité de la construction offre un intérêt d'un autre genre, et d'une importance également très grande. On sait que l'argile, qui est un élément prédominant dans les terres végétales quand elle ne constitue pas en entier la masse terreuse dans laquelle le revêtement sera noyé, a une action funeste sur le fer, qu'il ramène promptement à l'état de minerai. Un objet en fer qui séjourne dans l'argile humide est rongé avec une rapidité fâcheuse et l'action de l'argile pénètre dans l'épaisseur de l'objet avec une puissance vraiment redoutable.

Le ballast dont nous proposons ici la composition sera absolument inoffensif, et l'oxydation produite par la pluie ou par le seul air ambiant, tout-à-fait superficielle d'ailleurs, pourrait être jusqu'à un certain point prévenue par le moyen d'un vernissage protecteur.

Les simplifications que nous venons d'introduire dans l'application de notre système tubulaire permettent de procéder plus aisément à la construction du revêtement aux saillants et, en général, dans tous les angles. Mais nous ne jugeons pas nécessaire de nous y arrêter en détail.

---

### Revêtement en arcades.

Il est un autre revêtement qui emporte nos préférences sous le rapport de la solidité et de l'économie, mais qui est un peu plus compliqué quant à la construction. Il est basé sur le principe des voûtes en décharge. Voici comment :

F. $\frac{1}{\text{III}}$  Nous soutenons le parapet par une *plaque* AB, dont le bord extérieur A coïncide avec la magistrale, ce qui donne la hauteur d'escarpe de 8 mètres au-dessus du fond du fossé, ou plutôt de la berme, que nous avons adoptée précédemment.

Pour soutenir cette plaque elle-même dans sa position, nous disposons, de 5ᵐ en 5ᵐ de distance, des *fermes* CDEFGH formées de trois pièces qui se réunissent par leur extrémité supérieure, donnant assez bien l'apparence, par leur réunion, du pied ou trépied des géomètres. Notre face est, ainsi, partagée en travées de 5 mètres de portée. A une face de 200 mètres de longueur correspondent 40 travées, dont 39 de 5 mètres et 2 demi-travées extrêmes n'ayant chacune que 2ᵐ50.

F. $\frac{8.9}{III}$

Procédons à la description d'une travée. Autant que possible, nous nous servirons des définitions usitées dans les voûtes en maçonnerie. Les deux côtés seront les *pieds-droits* ; la calotte d'en haut sera la *voûte* ; il y aura le *fond* et la *face*.

F. $\frac{1, et\,8\,à\,14}{III}$

Chaque pied-droit est une ferme, dont les divers éléments sont:

— une *colonne* DEG (fig. 1, 10 et 12), G ou C (fig. 11 et 13), support principal, maintenue debout par deux *étançons* CE, C'E (fig. 1, 8 et 9);

— la ferme est complétée par une *double-poutrelle* coudée GHI, GH'I' (fig. 1, 10 et 11), support de la voûte, et dont le coude G enveloppe, comme le ferait une bague, la tête de la colonne ;

— deux fermes sont rendues solidaires à l'aide d'un *arc-boutant* ou *entrait* KLK' (fig. 8 et 10), EG (fig. 9 et 11), parallèle à la face de l'ouvrage et qui s'appuie sur les deux colonnes.

Le pied de la colonne est muni d'une semelle SS (fig. 1, 10, 11 et 12), avec laquelle elle fait corps. Sa tête se termine par un *chapiteau* EGH (fig. 1), HGH' (fig. 12), HCH' (fig. 13), qui est muni de deux *corbeaux* EH, EH', placés à peu près à angle droit. C'est sur ces corbeaux que repose la double-poutrelle indiquée ci-dessus.

Les pieds des étançons reposent également sur des semelles, ₂₂ (fig. 1 et 14).

Ainsi, une travée constitue une espèce de *niche*, dont le toit est plat, le fond est à terres libres, la face antérieure est ouverte. Passons aux détails.

L'objet principal d'un revêtement est de soutenir les terres, de telle sorte que le parement extérieur ait une élévation et une raideur qui garantissent contre l'escalade. La plaque de voûte remplit ici cet objet.

F. $\frac{1}{III}$

**Plaque-voûte.** — La crête extérieure est à 9 mètres au-dessus du fond du fossé; ce qui donne à l'escarpe 8 mètres de hauteur, si on déduit la hauteur de la berme.

Pour que cette plaque ne puisse être atteinte par les projectiles ennemis, nous la tenons, tout au moins, dans le plan de tir, PAQ, des batteries de brèche construites au saillant de la contre-escarpe. La plaque-voûte a donc une inclinaison déterminée d'avant en arrière. Dans le cas de notre figure, cette inclinaison serait de 1/11, 1/9 ou 1/6; mais nous pouvons aller jusqu'à 1/3, et même jusqu'à 4/5 ou près de 45°, car le boulet, V, qui la frapperait par dessous, ne pourrait nullement produire quelque effet sensible. En forçant l'inclinaison de la plaque-voûte, nous obtenons d'ailleurs l'avantage, incontestable, de réduire la hauteur de la colonne et la dépense, sans qu'il en résulte de mécompte, et, ainsi, de la mieux défiler des vues de la batterie de brèche.

La partie de la plaque-voûte la plus rapprochée du parement est évidemment la plus exposée au tir des pièces de l'attaque, et nous considérons que le restant de la plaque est, pour ainsi dire, hors d'atteinte sérieuse. Cette remarque fait connaître la raison du profil que nous donnons à la plaque. G étant la tête de la colonne à 2 mètres en contre-bas de la magistrale, et A cette magistrale, nous traçons la génératrice de la plaque suivant la ligne brisée AIHGB, de telle sorte que la partie AI ait l'inclinaison de 1/3 et la partie GH celle de 3/3 ou 45°.

La charge que la plaque aura à supporter du chef des terres qui la surmontent, est considérable et lui crée un danger sérieux de rupture, dont le lieu sera, naturellement, le voisinage du point où les corbeaux du chapiteau cessent de la soutenir. Nous verrons comment fonctionnent les poutrelles et l'arc-boutant pour obvier à ce danger.

Exposée à des percussions dans sa concavité, et notamment sur son arête magistrale, la plaque, si elle était totalement en fonte, volerait bientôt en éclats. D'autre part, l'emploi exclusif du fer serait, pour une pièce de cette étendue, coûteux sans nécessité. L'emploi de la fonte donnerait, d'autre part, à cette pièce une rigidité, une résistance à la flexion vers le bas, que le fer seul ne peut lui assurer. Nous composerons donc la plaque-voûte de la réunion de deux *feuilles* rivées fortement l'une à l'autre; l'une de fonte, $a\,b\,c\,\partial$, est la partie supérieure que nous arrêtons d'ailleurs à 1 mètre environ de la magistrale; l'autre de fer, $a'\,b'\,c'\,\partial'\mathrm{A}$, est la partie de dessous qui s'étend jusqu'à cette magistrale. Nous donnons à la feuille de fonte une épaisseur de $0^m,06$, que nous réduisons à $0^m,02$ ou $0^m,03$ à son extrémité en $\partial$. Quant à la feuille de fer, nous faisons l'inverse; nous lui donnons, dans toute la partie correspondant aux poutrelles, une épaisseur générale de un pouce au plus, soit $2\,^1/_2$ à 3 centimètres, dimensions que nous portons à 7 centimètres à l'arête A dans le parement.

F. $\frac{16,\,17}{\mathrm{III}}$

On voit ce qui se passe dans un tir en brèche.

Les boulets qui passent au-dessus de la magistrale A, ne rencontrent pas la plaque-voûte. Ceux qui, au contraire, arrasent l'arête magistrale, tels PQ, VV, ou passent au-dessous de la plaque-voûte, ou bien en rencontrent la surface concave sous un angle variant de 160° à 180° et glissent sur cette surface sans exercer sur la plaque une pression réellement inquiétante. Ainsi, dans les deux hypothèses, la feuille fonte n'éprouvera aucun dommage.

F. $\frac{1}{\mathrm{III}}$

La longueur de la plaque-voûte (nous voulons dire sa dimension parallèle à la magistrale) correspond à celle d'une travée, soit 5 mètres. Quant à sa largeur (dimension perpendiculaire au rempart), elle est déterminée par les considérations suivantes : La colonne étant la pièce capitale de notre dispositif, afin de ne lui donner que les moindres dimensions tout en assurant autant que possible sa conservation, nous l'enterrons dans le rempart, à 3 mètres de la magistrale. Cette distance paraît nécessaire et suffisante. La génératrice du toit, qui sera tracée d'après les données posées plus haut et qui débordera la colonne, en arrière, d'environ 0$^m$,50 à 1$^m$,00, atteindra donc une longueur de 4$^m$,00 à 4$^m$,75.

Les éléments de la plaque-voûte sont, ainsi, entièrement déterminés, et il est possible d'en calculer le poids et le coût. Ajoutons qu'un évidement sera ménagé pour le passage de la tête de la colonne. D'autres évidements seront encore nécessaires; on les apercevra au fur et à mesure de la description des détails.

F. $\frac{3.19}{III}$

Disons un mot du mode de fixation de la plaque-voûte sur la tête de la colonne. Lorsqu'elle est mise en place, son poids tend à la faire basculer en avant sur les extrémités, HH' (fig. 3), des poutrelles comme axe de rotation. Par suite, sa partie postérieure tend à se soulever et à se dégager de la colonne. Pour neutraliser cet effet, nous calerons la plaque-voûte dans sa position à l'aide d'une clavette qui traverse la tête de la colonne, parallèlement à la magistrale (fig. 11).

F. $\frac{1}{III}$

**Colonne.** — La colonne est l'organe le plus important pour le soutien de la plaque-voûte. Elle doit être rendue indestructible au feu de l'artillerie partant du couronnement de la crête du glacis. Il faut aussi qu'elle résiste par elle-même aux poids qui l'écrasent et aux forces qui tendent à la briser transversalement ou à la renverser.

On satisfait à ces conditions en lui donnant tout d'abord des dimensions convenables. Pour rester dans les limites les moins exagérées, non-seulement nous l'enterrons dans le rempart, ainsi qu'on l'a vu à la page précédente de même que dans les calculs des déblais et remblais, mais aussi nous remblayons toutes les niches de blocailles de pierres, c'est-à-dire de ballast, jusqu'à la hauteur de la voûte, laissant ébouler ce massif de débris jusqu'à 2 mètres de la projection de la magistrale, c'est-à-dire sur toute la largeur de la berme.

Ce remblai ne favorise pas l'escalade, ainsi qu'on pourrait le supposer à première vue. En effet, présentant vers le fossé un talus de 3 mètres hauteur sur 2 mètres base, il maintient encore, de A en Y, une hauteur verticale de plus de 4 mètres, qui s'oppose à l'exécution d'une ascension gymnastique. Quant à des échelles, dont la raideur ne peut excéder $\frac{5H}{1B}$ pour qu'un homme armé pratique aisément le franchissement, la figure 1 montre qu'il serait impossible, quelque brave et adroit que soit un ennemi, d'en appliquer de courtes contre le revêtement en les dressant sur le talus de blocailles, et que l'agresseur devra se résigner à faire usage d'échelles de 9 mètres reposant sur le fond du fossé, tout comme si le revêtement était un mur plein.

Déjà, à propos du revêtement tubulaire, nous avons parlé d'un remblai de cette espèce. On voit qu'il nous est ici d'une utilité plus grande encore.

Toute la partie basse de notre colonne, au moins jusqu'à 4 mètres de hauteur, est donc sérieusement garantie par un massif dur à percer, ayant en moyenne 4 mètres d'épaisseur (fig. 1, projectile ZZ). Il est vraisemblable que si l'action *prolongée* de l'artillerie parvenait à le broyer et à le faire ébouler, le nouveau talus qui serait la conséquence de cet éboulement aurait sans doute encore, tout au moins, $\frac{2H}{5B}$ ce qui nous permet d'affirmer que le projectile tiré normalement de la contre-escarpe

trouvera, au pis-aller, au sommet, un massif de débris de
1 mètre à traverser avant d'atteindre l'alignement des colonnes,
lieu où sa force de percussion sera notablement réduite. Dans un
tir d'écharpe, l'obstacle présenté au boulet sera naturellement
plus considérable.

Ces raisons et la figure nous font voir que la partie haute de
la colonne est seule exposée, et plus particulièrement la tête, sur
laquelle se fait l'assemblage de la plaque-voûte. Le bas de la
colonne paraît être absolument à l'abri.

Ce que nous disons au sujet de la colonne — et nous tenons à
l'établir dès maintenant afin de ne pas tomber plus tard dans
des redites — est également vrai pour les étançons.

Notons enfin que le massif de blocailles ou ballast procure,
d'autre part, à la colonne un appui considérable contre la tendance au renversement dans le fossé. Toutefois la sécurité ne
serait pas complète sans le secours des étançons déjà mentionnés.

Ces préliminaires posés, nous sommes en mesure de déterminer la forme et les dimensions des diverses parties de notre
ferme ou pied-droit.

Les efforts auxquels la colonne doit résister, sont :
— L'écrasement dans le sens de l'axe ;
— La rotation autour de sa base ;
— La rupture en son point de réunion avec la semelle ;
— La rupture transversale en un point quelconque de la hau-
teur, notamment sous le chapiteau ;
— Enfin la rupture par le choc de quelque projectile.

F. $\frac{20,21}{III}$ Pour écarter toutes ces causes de destruction, tout en visant
à l'économie, nous donnerons à notre colonne la forme d'un
tronc de pyramide à base triangulaire et nous la composerons
de fonte et de fer. L'emploi de la fonte pour le noyau offre, du
reste, l'avantage que nous avons déjà signalé à propos de la

plaque-voûte, d'augmenter dans une forte proportion la résistance de la colonne à la flexion, condition favorable à la stabilité — et, à dépense égale, son poids par l'adoption d'une section transversale plus grande.

La fonte constitue donc la partie fondamentale de la colonne et en forme le noyau intérieur, qui est plein. Ce noyau est renforcé, à son tour, par une enveloppe en fer, d'épaisseurs variables selon le point de la hauteur que l'on considère et dont il sera parlé ci-après.

Le noyau est coulé avec la semelle.

Le noyau, disons-nous, est un tronc de pyramide. La pyramide totale aurait de 12 à 15ᵐ de hauteur. Pour en augmenter la stabilité en même temps que la résistance, nous tenons verticale la face qui correspond à la base de la section transversale et qui est adossée au rempart. Le sommet de la section transversale regarde le fossé.

La section originelle, ABE, du noyau, prise au pied de la colonne, a 0ᵐ,25 base sur 0ᵐ,40 hauteur; mais comme il n'y a aucune nécessité de conserver la pointe E, nous la supprimons et nous formons en C un pan coupé, de telle sorte que CE = 1/3 DE. Après avoir adouci les arêtes α′, ƒ′, de ce pan coupé, la forme de la section transversale est ramenée à la figure A α C ƒ BD.

La colonne a de 6ᵐ,50 à 6ᵐ,80 de hauteur, dont 6ᵐ,00 pour le fût proprement dit, et 0,50 à 0,80 pour la mèche ou partie sur laquelle s'assemblent les poutrelles et la plaque-voûte. La tranche du noyau de fonte, en tête, projetée suivant A′B′C′ (fig. 24), affecte donc une forme rigoureusement semblable à celle de la section de base.

La colonne étant ainsi déterminée de forme et de dimensions, nous la revêtons en fer. A cet effet nous appliquons, depuis la base α jusqu'au sommet g′, une enveloppe générale de 0ᵐ,01 ¹/₂ à 0ᵐ,02 d'épaisseur. Cela fait, une seconde enveloppe de même

F. $\frac{20,\ 21,\ 22,\ 23}{\text{III}}$

F. $\frac{24}{\text{III}}$

F. $\frac{20,\ 21}{\text{III}}$

épaisseur s'applique sur la première, à partir du $2^d$ mètre de hauteur — ou du point $c$ — jusqu'au sommet également, $g'$. Enfin un $3^e$ enveloppe, de $0^m,02$ $^1/_2$ à $0^m,03$, garnit le $5^e$ mètre de la hauteur, soit toute la partie $ef$. Il résulte de ces opérations d'atelier que, de $a$ en $c$ (h = 0 à h = $2^m$), l'épaisseur de l'enveloppe est de $0^m,02$; — que de $c$ en $e$ (h = 2 à h = 4), elle est de $0^m,04$; — que de $e$ en $f$ (h = 4 à h = 5), elle est portée à $0^m,06$ $^1/_2$ ou $0^m,07$; — enfin que de $f$ à $g'$ (h = 5 à h = 6,80), elle redescend à $0^m,04$. Notons que cette dernière partie de la colonne, $f$ à $g'$, doit être rendue cylindrique sur le tour ou par le martelage, pour des raisons que l'on saisira plus tard. D'autre part il est à remarquer qu'en $f$ (h = 5) il existe, sur tout le pourtour de la colonne, un ressaut destiné à servir d'arrêtoir au manchon du chapiteau.

F. $\frac{24, 25, 26, 27}{III}$   Dessinons actuellement les sections faites, dans la colonne revêtue, par les plans menés aux hauteurs sus-indiquées : h = 0, h = $2^m$, h = $4^m$, h = $5^m$; nous obtiendrons les figures renseignées ci-contre, 24, 25, 26 et 27.

F. $\frac{14, 22, 25}{III}$   En plan, la semelle de la colonne est un rectangle de $1^m,00$ dans le sens de la magistrale, et de $1^m,50$ dans le sens perpendiculaire. Quant à son épaisseur, elle est de $0^m,20$ contre le fût et de $0^m,10$ au bord extérieur.

Le poids de la colonne et de son appendice suffira pour lui assurer une stabilité presque complète. S'il y avait doute, un chargement de quelques gueuses sur la semelle permettrait de réaliser cette condition sans difficulté. Mais nous croyons que cela ne serait pas nécessaire.

F. $\frac{1, 2, 11, 12, 13}{III}$ $\frac{20, 21, 28}{III}$ $\frac{7}{IV}$   **Chapiteau.** — Vient maintenant le chapiteau EGH (fig. 1 et 12), qui est la pièce dont la construction est la plus difficile.

Ce chapiteau est composé d'un *manchon* creux central EG, et de deux *corbeaux* EGH, EGH'. Le manchon se coiffe sur la tête de la colonne ; il en occupe toute la partie $f$ à $g$ (h $= 5$ à h $= 6$) (fig. 20), laissant dépasser une hauteur de 0$^m$,50 à 0$^m$,80, $g$ $g'$, que nous avons désignée sous le nom de *mèche*. Il a donc 1$^m$,00 de hauteur en axe.

La section transversale du manchon est déterminée, puisque le vide intérieur correspond exactement à la section de la tête de la colonne, représentée fig. 28, et que nous donnons à l'anneau métallique une épaisseur moyenne de 0$^m$,05 (savoir : 0$^m$,03 vers le rempart ; 0$^m$,07 vers le fossé).

Les corbeaux font corps avec le manchon. Leurs deux branches font entre elles un angle d'environ 110$^g$ (fig. 11 et 13), ouverture qui permet de répartir le mieux le soutien que les poutrelles donnent à la plaque-voûte. Ils ont 1 mètre de saillie (fig. 1) à partir de l'axe de la colonne. Quant à la hauteur à laquelle s'élève l'extrémité antérieure de ces corbeaux, elle résulte d'une construction graphique. Dans le cas de notre fig. 1, complétée par l'épure Pl. IV, fig. 7, elle est d'environ 0$^m$,65 supérieure au point G, sommet de l'axe. Ainsi, la projection du chapiteau (manchon et corbeaux) sur la verticale équivaut à une hauteur de 1$^m$,65.

Le lieu où les axes des corbeaux rencontrent la colonne n'est pas absolument indifférent. Afin de réunir le mieux toutes les conditions d'équilibre, il faut, autant que possible, que ces axes passent par celui de la colonne. Or, ce qui est vraiment l'axe de la colonne, c'est le lieu géométrique des centres de figure des sections. C'est donc une droite qui n'est pas verticale, mais qui est légèrement inclinée vers le rempart. Nous nous réserverons donc des conditions de stabilité plus parfaites en prenant, comme axe approché, la verticale passant par le centre de figure, O, de la section de tête, centre que nous déterminons en joignant les sommets du triangle A'B'C' (fig. 24) aux milieux des côtés opposés.

F. $\frac{1. 24, 28}{III.}$

Les axes des consoles et l'axe de la colonne formeront des plans verticaux se croisant sous l'angle indiqué de 110ˢ.

Pour l'intelligence plus complète de nos développements, nous distinguerons dans le corbeau : la *table* ou partie parallélipipé-dique qui reçoit directement la poutrelle ; et la *console* ou arc-boutant qui renforce la *table* en augmentant la hauteur de sa section d'encastrement sur le corps du manchon. Ces deux parties : table et console, ne forment pourtant qu'une seule et même pièce entre elles et avec le manchon.

La table des corbeaux a 0ᵐ,30 de largeur : elle présente une *rainure* centrale de 0ᵐ,10 largeur sur 0ᵐ,05 profondeur, destinée à servir d'encastrement aux poutrelles de support. Les corbeaux, à leurs extrémités H, H', ont donc également 0ᵐ,30 de largeur ; mais, à leur point d'origine inférieur sur le manchon, en E (fig. 1), nous ne leur donnons plus que 0ᵐ,20 de dimension horizontale. Les parois latérales, ou *joues*, se raccorderont avec les arêtes de la table. La dimension verticale des corbeaux en H ou H', point où elle est minimum, est tenue à 0ᵐ,15.

Dans la pratique, si la fabrication, en une seule pièce, du chapiteau avec ses deux corbeaux, offrait *peut-être* des difficultés, nous pensons qu'il n'y aurait aucun inconvénient à confectionner séparément les deux moitiés symétriques, sauf à les réunir à l'atelier, avant leur mise en place, par deux fortes brides, l'une placée vers le bas du chapiteau, à peu près à la naissance des consoles, dont le bec inférieur serait supprimé, l'autre passant sous la table, à travers le corps des consoles, qui seraient en conséquence percées d'une mortaise à cette fin. Mais nous pré-férons le chapiteau d'une pièce unique.

F. $\frac{1, 2, 4, 8, 9,}{\text{III}}$
$\frac{10, 11, 18}{\text{III}}$
$\frac{1, 7, 15, 16}{\text{IV}}$

**Poutrelles.** — Les deux poutrelles GHI, GH'I', qui se posent sur le chapiteau, n'en forment en réalité, nous l'avons déjà dit, qu'une seule et unique, qui est coudée en son point de passage,

G, sur la mèche de la colonne. Le *coude* est percé d'un *œil* qui se coiffe par dessus cette mèche.

L'angle que forment les deux *branches* est aisé à déterminer graphiquement, d'après les conditions de la construction, qui sont connues. La fig. 1 de l'épure Pl. IV en fait déduire la valeur exacte.

De leur point de naissance G, à leur extrémité vers la magistrale, les branches de la poutrelle ne forment pas une ligne droite. Afin de distribuer d'une manière convenable et pratique les points d'appui que la poutrelle est destinée à donner à la plaque-voûte, nous en brisons les branches à peu près vers leur milieu.

La demi-poutrelle représentée fig. 9 et 10 est une image très claire de la disposition ; H est le lieu de la brisure, et HI est la continuation de la branche GH.

En général, nous déterminons le lieu de la brisure H, de façon que ce point soit à 1$^m$,00 du lieu des axes des colonnes-supports, et que l'intervalle qui sépare les points H, H' (des deux branches symétriques d'une même poutrelle-double), entre eux, soit de 1/2 longueur de travée. Cette condition nous amène à l'angle de 110$^g$ déjà indiqué.

Il reste à déterminer la position des extrémités I, I', des branches. Nous les tenons à 3/4 mètre environ en arrière de la magistrale, et à une distance du plan de symétrie de la ferme ou pied-droit égale au 1/3 de la largeur de travée. Il en résulte (fig. 11), en considérant deux fermes contigües : HH' = H'H² = demi-travée, et IM = I'M = I'I² = I²N = tiers-travée ; donc II' = deux-tiers travée.

Il nous semble que cette disposition offre les plus nombreuses conditions de parfait soutien de la voûte.

L'angle que les branches font, en leur brisure H, vers le plan de symétrie n'est pas unique. Les deux parties d'une même

7

branche, GH et HI, font, en outre, dans le plan vertical, un angle léger, dit de *torsion*, que la fig. 7 de l'épure Pl. IV détermine, et dont la nécessité résulte de la cambrure donnée à la plaque-voûte suivant trois plans diversement inclinés sur la verticale.

La longueur totale d'une branche, mesurée en axe, est de près de $3^m,00$. Sa section est un pseudo-parallélogramme (ou parallélogramme légèrement trapézoïdal vers le bas) qui a $0^m,12$ de base supérieure; $0^m,10$ de base inférieure; pour une hauteur de $0^m,16$. Nous dirons cependant que cette hauteur est réduite, graduellement, à $0^m,10$ à partir de la brisure H jusqu'à l'extrémité I. La figure 15-16 de l'épure Pl. IV complète, d'ailleurs, la forme précise de la section, qui n'est pas même rectangulaire, et sa relation avec le logement qui lui est ménagé dans la table du chapiteau.

La poutrelle, mise en place, tend à basculer en avant autour des extrémités des consoles (fig. $\frac{4}{III}$); son œil est, par suite, exposé à se soulever sur le fût de la colonne. Il importe d'assurer la fixité de la poutrelle sur la tête de la colonne et sur le chapiteau. Nous ferons usage, à cet effet, du moyen qui a déjà été indiqué à l'occasion de la plaque-voûte. Nous traversons la mèche de la colonne par une clavette placée, dans le cas actuel, dans le plan de symétrie de la ferme (fig. $\frac{18}{III}$).

Ce mode d'assemblage paraîtra sans doute préférable à tout autre par sa simplicité, et par la garantie qu'il offre ([1]).

Pour que la présence de cette clavette ne gêne pas la mise en place de la plaque-voûte, l'échancrure déjà ménagée dans cette dernière pièce pour le passage de la tête de la colonne, est découpée de façon à permettre également le logement de la cheville.

---

(1) S'il y avait doute, on substituerait à la réunion par « clavettes », celle par le moyen d'*écrous*.

La disposition à angle droit des deux clavettes (celle de poutrelle dans le plan normal au rempart, et celle de plaque-voûte
dans le sens du rempart) contribue, sans doute, autant qu'il est
possible, à la fixité de la voûte du revêtement, fixité qui ne
dépend plus que de la solidité de la mèche de la colonne.

Les clavettes sont totalement hors d'atteinte des boulets, par
suite de la cambrure de la plaque-voûte.

**Etançons.** — Les étançons destinés à assurer la stabilité de la
colonne sont disposés symétriquement par rapport à un plan
normal à la face de l'ouvrage passant par l'axe de la colonne.
Leur forme est un pseudo-cylindre renversé (ou cylindre légèrement tronconique vers le bas), creux, en fer, à base circulaire.
Le diamètre de l'étançon est de 0$^m$,27 à 0$^m$,28 dans la partie
supérieure; près du pied il n'est que de 0$^m$,19 à 0$^m$,20, tandis
que le diamètre du creux est constant sur toute la hauteur et est
de 0$^m$,15. En conséquence, la section transversale est annulaire,
mais un anneau dont les cercles sont excentriques, de façon à
donner la plus grande épaisseur au point qui regarde la contre-
escarpe. Cette disposition a pour objet d'augmenter la résistance
d'inertie de l'organe au mouvement giratoire autour de son
point d'appui sur le sol.

Pour que la rigidité de l'étançon contre la tendance à la flexion
soit certaine dans tous les cas, le creux intérieur est occupé
par un mandrin en fonte, dont le poids contribuera, d'autre
part, à accroître la stabilité de l'appareil.

Le point d'application de l'étançon sur la colonne est choisi à
la base même du chapiteau. Dans notre figure, l'étançon a donc
5$^m$,75 de longueur.

**Etrier-hauban.** — La stabilité de la plaque-voûte contre les
efforts qui la sollicitent à la rotation autour des extrémités des
poutrelles, dépend absolument de la solidité de la mèche de la

F. $\frac{1.8}{III}$

F. $\frac{4}{III}$

colonne, qui, seule, supporte ces efforts. Or, il serait peut-être imprudent de se fier exclusivement, pour la stabilité de tout le système, à la résistance au déchirement que peut présenter le métal dont cette tête est formée. Il y a donc quelque chose à faire à cet égard, et nous croyons que le moyen le plus propre à être recommandé — et qui semble suffisant — consiste à reporter sur le fût de la colonne, au-dessous du chapiteau et du point d'appui des étançons, une partie des efforts dangereux.

Remarquons que nous avons fait déborder la plaque-voûte en arrière de l'axe de la colonne, d'environ $0^m,50$ à $1^m,00$ (fig. $\frac{1}{III}$). Eh bien ! nous relions ce prolongement à la colonne par un étrier-hauban (fig. 4), dont les deux branches, *embrassant la colonne à l'instar d'une cravate*, vont traverser la plaque-voûte et y sont *rivées* (en quelque sorte) à leur sortie, à l'aide d'écrous, mode qui permet le mieux le raidissement. Une embase, formée d'un bloc de métal large et épais, sur laquelle s'appuient les écrous, consolide la plaque-voûte en ce point d'assemblage et contribue à la répartition de l'effort sur une surface convenable. Dans notre figure, la branche de l'étrier aurait $1^m,75$ de longueur totale. Sa section est un carré de $0^m,10$. L'extrémité en est filetée pour recevoir l'écrou.

F $\frac{1, 12, 14, 15}{III}$

**Semelle.** — Les étançons ne reposent pas sur le sol même, mais sur une semelle en fonte.

Pour la rigidité et la parfaite liaison du système, nous donnons aux deux étançons une semelle unique triangulaire, $\lessdot t \lessdot$, comme l'indique la figure 14; la largeur en serait de $0^m,30$ au coude qu'elle forme en $t$, et de $0^m,20$ à ses extrémités en $\lessdot, \lessdot$; l'épaisseur moyenne serait de $0^m,12$. Chaque branche $\lessdot t$, de cette semelle coudée, a environ $1^m,50$ de longueur, et la demi-traverse $\lessdot\lessdot$ $1^m,25$.

Il est très-important, pour la rigidité et la stabilité de la ferme, que les pieds des étançons et celui de la colonne conservent une position invariable l'un par rapport à l'autre. On parviendra à réaliser cette condition en rendant solidaires les semelles respectives SS, ᴐᴐ, à l'aide de brides tu, t'u' (fig. 13 et 15), dont les œils extrêmes, tt', uu', sont réunis par de forts boulons ; l'un d'eux traverse en même temps la semelle de la colonne et l'autre se loge dans l'angle des deux branches de la semelle des étançons. Cette disposition suffira, croyons-nous, à éviter tout glissement des pieds des étançons vers le fossé capital. Les dimensions de ces brides pourraient être bornées à $0^m,20$ base, sur $0^m,10$ hauteur et $0^m,50$ longueur. Quant aux boulons, ils auraient une section carrée de $0^m,10$ pour une longueur totale de $0^m,40$.

**Entrait.** — On se rappelle que l'écartement des deux colonnes et leur stabilité dans le sens latéral sont confirmés par un entrait ou arc-boutant, en forme d'ogive, qui s'assemble avec la colonne à 4 mètres du pied, et qui monte jusqu'à la plaque-voûte, à laquelle il donne un point d'appui auxiliaire au milieu de la travée. La longueur totale de cet entrait, en développement, mesurée sur le plan, est de 6 mètres ; sa section a la forme d'un triangle de $0^m,30$ sur $0^m,16$, dont les faces se présentent obliquement aux coups de l'artillerie, ainsi que le montre la figure 12 de l'épure Pl. IV, de façon à assurer le ricochet des projectiles.

F. $\dfrac{8, 10}{\text{III}}$, $\dfrac{12}{\text{IV}}$

---

Toutes les pièces de notre charpente étant définies de formes et de dimensions, nous résumerons, dans les tableaux ci-après, page 105, les calculs des volumes de fer et de fonte employés à la confection de toute l'armature. Mais auparavant, il paraîtra désirable qu'un dessin exact fasse mieux saisir l'assemblage de la colonne, des poutrelles et de la plaque-voûte. Ce sera l'objet de l'*épure*, dont toutes les parties sont réunies sur la planche IV, et dont les diverses figures sont expliquées ci-dessous :

F. $\frac{1}{IV}$ Fig. 1 — est la projection horizontale d'une moitié de chapiteau, représenté coiffé sur la tête de la colonne. La rainure logement de poutrelle est figurée.

La ligne interrompue et pointillée ABCDE, dont une portion se confond avec l'axe du corbeau, est la construction graphique à l'aide de laquelle la direction de la branche de la poutrelle est déterminée en projection.

Enfin la ligne analogue, AFG, est également une ligne de construction servant à la détermination de la projection de l'axe de l'étançon.

F. $\frac{5}{IV}$ Fig. 5 — donne la projection horizontale d'une demi-poutrelle dans la position qu'elle occupe, ainsi que la projection d'un étançon.

F. $\frac{3}{IV}$ Fig. 3 — est l'élévation latérale d'une ferme.

Remarquer que la ligne MN est la trace du plan du ressaut sur lequel vient reposer le manchon du chapiteau (5ᵉ mètre de hauteur sur la colonne).

Au-dessus de cette ligne MN, se voit la projection du chapiteau (manchon et corbeau), portant la poutrelle et surmonté d'une portion de plaque-voûte.

La ligne interrompue et pointillée ABCDEF, de cette figure, est la détermination graphique d'une parallèle à la génératrice de la plaque-voûte.

Sous la ligne MN, déjà mentionnée, se trouve la projection de l'étançon, ainsi que celle de l'étrier-hauban de la voûte.

F. $\frac{7}{IV}$ Fig. 7 — est une coupe longitudinale : 1° par un plan vertical passant par l'axe du corbeau, quant à tout ce qui est au-dessus de la ligne MN ; et 2° par un plan passant suivant l'axe de l'étançon, quant à tout ce qui est au-dessous de cette ligne MN.

Elle montre le chapiteau et la traverse, ainsi que l'étançon. La position de l'étrier-hauban y est amorcée (bien que cette pièce ne se trouve dans aucun des deux plans de coupe), afin de faire voir sa position relativement à l'étançon.

La ligne interrompue et pointillée ABCDE est la section, dans la plaque-voûte, faite par le plan vertical passant par l'axe de la colonne et celui de la console, prolongé jusqu'à la magistrale.

Le groupe de lignes brisées analogues, ABCF et ABCG, donne la mesure vraie de la *torsion*, vers le sol, de la poutrelle en son point de brisure; ABCG étant la direction, dans l'espace, de la première partie de la branche, et ABCF étant la direction, dans l'espace, de la deuxième partie de la branche, mais rabattue sur le plan de la première.

Fig. 2 — est l'élévation, prise de face, de la colonne munie de son chapiteau et de l'étançon.   F. $\frac{2}{IV}$

Fig. 4 — montre la disposition des clavettes serre-poutrelle et serre-plaque-voûte, sur la mèche de la colonne.   F. $\frac{4}{IV}$

Fig. 6 et 11 — est l'élévation de face d'une partie de poutrelle dégagée de la tête de la colonne, ainsi que d'une moitié de l'arc-boutant ou entrait appuyé sur la colonne.   F. $\frac{6\ et\ 11}{IV}$

La ligne interrompue et pointillée, ABCD, est la construction graphique qui donne la projection de la partie non dessinée des branches de la poutrelle. Tous les éléments nécessaires à faire le rabattement de la poutrelle en grandeur vraie, sont ainsi connus.

Enfin les figures secondaires représentent, savoir :

Fig. 8 — la projection horizontale de l'étrier-hauban;   F. $\frac{8}{IV}$

Fig. 9 et 10 — les sections supérieure et inférieure de l'étançon;   F. $\frac{9\ et\ 10}{IV}$

Fig. 12 — la section uniforme de l'entrait en $a6$ et en $c\partial$ de la fig. 11;   F. $\frac{12}{IV}$

Fig. 13 — la courbe de contact de l'entrait avec la colonne;   F. $\frac{13}{IV}$

Fig. 14 — la projection horizontale du demi-entrait;   F. $\frac{14}{I.}$

F. $\frac{15 \text{ et } 16}{IV}$
Fig. 15 et 16 — 1° la tranche primitive de l'extrémité du corbeau et la section correspondante de la poutrelle; 2° ces mêmes parties modifiées par un pan coupé, afin de faire disparaître, dans la construction, les angles aigus, incommodes;

F. $\frac{17}{IV}$
Fig. 17 — une coupe perpendiculaire à la gorge du corbeau, suivant le plan $\alpha\beta$ (fig. 7). Elle est arrêtée au raccordement du corbeau avec la surface extrême du manchon.

Dans la description que nous venons de donner des divers organes de nos armatures, nous ne nous sommes pas embarrassé du côté métallurgique, qui ne peut offrir de difficulté sérieuse. Notre but, en disséquant la constitution des pièces prises une à une, est de signaler à quelles conditions elles doivent répondre tant dans leurs surfaces exposées aux boulets que dans leur résistance aux chocs divers et à la stabilité résultant de leur seul poids. Nous laissons à l'industrie le champ libre pour réaliser ces conditions. — La plaque-voûte, la colonne, l'étançon, le chapiteau sont les organes auxquels se rapporte surtout la présente observation. L'usine possède des moyens usuels pour résoudre avec simplicité les divers problèmes que pose leur construction.

F. $\frac{24 \text{ à } 27}{III}$
La colonne offre un intérêt particulier, si l'on se reporte à ce que nous avons dit page 84 de l'élément analogue du « *Revêtement tubulaire* ». Ici, en effet, est la solution que nous n'avons fait
F. $\frac{56}{II}$
qu'effleurer alors et qui consiste, en donnant des dimensions plus grandes à sa section transversale, à composer cette colonne de deux parties, l'une noyau de fonte, l'autre enveloppe de fer d'une épaisseur uniforme sur toute la hauteur puisqu'elle est vue, du pied au sommet, des batteries de la contre-escarpe.

A. — Tableau pour le calcul de la base de chaque solide.   B. — Tableau pour le calcul des volumes.

NOTES.

(1) ...

Ainsi, en tenant compte des cales, coins, rivets et de quelques étriers secondaires, on peut considérer que la masse de métal employée cube environ $3^{m5}$ $^1/_5$, dont moitié de fer et moitié de fonte. Or la travée ayant 5 mètres sur 8 mètres ou $40^{m2}$ de surface, les $3^{m5}$ de fer et de fonte reviennent à une plaque continue de $0^m,08$ $^1/_2$ d'épaisseur par 1 mètre courant longueur, dont environ 1/2 de fer et 1/2 de fonte.

Il peut être utile de comparer, au point de vue du prix et de la facilité d'exécution, les divers procédés de revêtement dont nous avons eu l'occasion de parler dans le cours de notre travail. Rappelons qu'il s'agit d'un revêtement d'escarpe de 200 mètres longueur sur 8 mètres de hauteur, qui doit offrir, dans toutes les éventualités, une résistance efficace contre le tir de boulets de 12c.

1er CAS. — **Cuirassement, par plaques continues, d'un revêtement en maçonnerie.** — Les plaques doivent être de fer de qualité supérieure et avoir au moins $0^m,11$ à $0^m,12$ d'épaisseur. La maçonnerie sur laquelle on les applique doit être pleine, adossée à un massif de terre résistant, et son épaisseur ne peut être moindre que 2 mètres [1], ainsi qu'il a été énoncé plus haut. Si l'on fait usage de plaques d'une seule pièce, de 1 mètre largeur sur 8 mètres de hauteur, le boulonnement exige 18 boulons de $2^m,25$ longueur et de $0^m,06$ diamètre, plus des contreplaques de $0^m,02$ $^1/_2$ d'épaisseur, tout au moins, et de 8 mètres de hauteur. Enfin une longrine de support en fonte longeant le pied du mur d'escarpe est nécessaire pour recevoir le bord

F. $\frac{1,2}{V}$

---

[1] On sait que cette épaisseur se mesure à $1^m,00$ au-dessus du soubassement ou des fondations.

inférieur de toutes les plaques, afin de supporter le poids de la cuirasse et, ainsi, de soulager la maçonnerie.

Le fer seul qui constitue la cuirasse proprement dite présente, par travée de 5 mètres de longueur sur 8 mètres de hauteur, une masse de 4$^{m3}$,40. Sans comprendre la dépense à laquelle s'élèveraient la maçonnerie, les boulons et leur placement, les contre-plaques et la longrine de support, nous voyons que le fer employé à revêtir la face de notre ouvrage formerait, comme nous l'avons déjà dit d'ailleurs, un volume **de plus de 175 mètres cubes.** Or, en admettant un prix de 500 ($^1$) francs la tonne de fer, ou de 4 000 francs en chiffre rond le mètre cube, ce qui est très-modéré, l'on aboutit à une dépense de près de 18 000 fr. par travée — ou de plus de 700 000 francs par face.

F. $\frac{3, 4, 5}{V}$   2$^d$ Cas. — **Revêtement tubulaire.** — Dans ce revêtement, la maçonnerie d'appui, le long boulonnement à écrous et les contre-plaques, ainsi que la longrine de support disparaissent, ce qui constitue une sérieuse économie.

Toutefois, nous conservons des fondations — ou tout au moins des parties de fondations sous l'emplacement de chaque ferme et de chaque colonne-contrefort — afin d'assurer la stabilité des colonnes du revêtement. Mentionnons, aussi, les nombreux rivets destinés à relier les couchis aux traverses. Le coût de ces apparaux supplémentaires restera de beaucoup inférieur au chiffre de l'économie réalisée par les suppressions; il en sera à peine le 1/5.

Sans en tenir compte, et ne comparant que le fer seul absorbé par le revêtement à partir des fondations, nous arrivons à un volume peu différent de celui que demande le cuirassement par

(1) Ces prix correspondent à la situation du marché à l'époque où nous avons commencé notre travail. Ils importent peu, du reste.

plaques, soit près de $4^{m3},40$ par travée, dont 1/4 pour les colonnes — lesquelles sont directement exposées — doit être de premier choix; et les 3/4 restants en fer moins travaillé, pour traverses et couchis. En adoptant les prix respectifs de 500 (¹) fr. (comme dans le *premier cas*) et de 400 (¹) fr. la tonne poids — soit 4 000 fr. et 3 200 fr. le mètre cube de chaque qualité — nous obtenons, pour la dépense à laquelle s'élèvera ce revêtement, un total de 13 600 francs par travée, ou de 550 000 francs pour toute une face d'ouvrage.

3ᵉ Cas. — **Revêtement par arcades.** — Enfin, dans cette dernière méthode, la quantité de métal employée se réduit à une épaisseur de $0^m,08$ ¹/₂ par mètre de surface, dont 1/2 de fer, et 1/2 de fonte. Comme dans le cas précédent, il y a suppression absolue de la maçonnerie d'appui, du boulonnement, des contre-plaques, etc., etc.

Mais aussi, comme dans le cas précédent, nous aurons à faire usage de fondations, nécessaires à donner aux fermes la stabilité que le sol, presque toujours mou, compressible et perméable, ne peut offrir à un degré convenable. Les fig. 6 et 7 donnent le plan et les dimensions présumables de ces fondations, que nous confectionnerons également en bon béton hydraulique.

La masse totale de métal, par travée, étant de $3^{m3}$ ¹/₅ n'est, pour toute la face, que de $135^{m3}$ environ.

Si nous considérons que tous les pièces qui constituent le squelette de ce revêtement sont, pour ainsi dire, soustraites au pointage direct et au choc immédiat des boulets; que, d'autre part, la fabrication de la plupart des pièces est peu compliquée, on aura quelque raison d'avancer, sans vouloir afficher un opti-

F. $\frac{6, 7, 8}{V}$

---

(1) Voir la note de la page précédente. Quelle que soit l'unité de prix, la conclusion sera la même.

misme exagéré, que le prix de revient de l'unité de matière peut
se ramener aux deux échantillons suivants, savoir :

du fer à 400 ([1]) fr. la tonne-poids ou 3 200 fr. le mètre cube,
de la fonte à 200 ([1]) fr.    id.    ou 1 500 fr.        id.

Ces stipulations nous donnent un coût moyen par travée de
8 250 francs, soit un chiffre de 320 000 à 350 000 francs pour
une face de l'ouvrage.

Ainsi, sous le rapport de la dépense, les trois procédés de
revêtement peuvent être classés dans l'ordre suivant : *par arcades, tubulaire, cuirassement.*

Nous n'ignorons pas que les prix indiqués ci-dessus ne soient
fort sujets à conteste, car ils ne reposent, pour le moment, sur
aucune donnée précise. Les prix de la fonte et du fer dépendent
de l'outillage. Or l'outillage est intimement lié à l'importance de
la commande. Il ne serait donc pas surprenant que de modestes
fournitures faites, à titre d'essais, dans les polygones, donnassent
des résultats très-différents de notre estimation ; mais si nos
propositions venaient à recevoir la consécration de l'expérience
en tant que mérite militaire, il est présumable que nos suppositions se vérifieraient avec assez d'exactitude.

Notons, pour finir, que les dimensions que nous croyons
devoir recommander pour l'un et pour l'autre de nos revêtements, nous sont simplement suggérées par l'induction. Sans
doute, certaines pièces seront trouvées un peu trop fortes, tandis
que d'autres sont, peut-être, d'un échantillon trop faible. Mais
nous croyons que la balance générale ne différera pas beaucoup
de nos conclusions.

Un avantage de nos revêtements, c'est que l'excavation qui
doit les recevoir étant ouverte, ils peuvent être mis debout
simultanément sur toute la longueur de la face, sans que ces

---

(1) Voir note de la page 108.

travaux arrêtent le terrassement, et vice-versâ. L'ouvrage, dès qu'il est terminé, a toute sa solidité dès le premier jour, sans qu'il faille compter sur l'action du temps pour lui donner la cohésion désirable, ainsi qu'il est nécessaire pour les maçonneries. Enfin, l'ouvrage ne nécessite aucune réparation, ni entretien, dans l'avenir. Cette circonstance a aussi son mérite.

Sous le rapport de la facilité de construction que présentent les trois espèces de revêtement, il semble qu'on peut les ranger comme suit : *revêtement tubulaire, revêtement par arcades, revêtement plein cuirassé.*

Un genre de considérations que nous avons omis d'examiner jusqu'à ce moment, ce sont les poussées et les pressions exercées sur le revêtement et leur mode d'action.

F. $\frac{5, 8}{V}$, $\frac{51}{II}$, $\frac{4}{III}$

On reconnaît de suite que les grands vides ménagés partout rendent ces poussées horizontales, $P_i'$, bien moins redoutables que pour des revêtements pleins, et qu'elles sont généralement transformées en pressions verticales.

F. $\frac{4, 5, 6, 7}{III}$

En effet, si nous considérons le dé de terre du rempart qui correspond à une travée de l'un ou l'autre de nos revêtements, nous voyons que la charge qui solliciterait le revêtement au glissement, s'il était plein, serait représentée par la valeur

F. $\frac{5}{III}$

$$P = \left(\frac{16 \times 16 + 3 \times 3 + 3 \times 3 - 5 \times 5 - 5 \times 1}{2}\right) 5 = 610^{m3} \text{ de terre,}$$

dont le poids spécifique équivaut à 1 220 Tonnes [1].

La composante dangereuse de cette charge, ou composante horizontale [2] sollicitant le revêtement au glissement sur le sol, est $P_i' = \frac{P}{2}$.

---

(1) En admettant que 2 représente le poids spécifique de la terre la plus forte, qui est la terre argileuse.

(2) P se décompose en deux « composantes », respectivement perpendiculaire et parallèle au talus naturel des terres, P', égales entre elles. — Cette dernière se

F. $\frac{6,7}{III}$

La partie de cette poussée qui, dans nos revêtements, agit sur la colonne (dont la largeur parallèle au rempart est de 0$^m$,25 environ, soit $\frac{1^m,00}{4}$, soit 1/20 de la largeur de la travée), est donc égale à 1/20 de cette quantité, ou 1/20 $\times \frac{P}{2} = 30$ Tonnes. On peut admettre avec raison que, indépendamment du mode de construction de l'armature, lequel annihile complètement, croyons-nous, cette force partielle, elle est encore compensée dans une certaine mesure par le ballast éboulé en avant de la colonne ; mais surtout aussi par *l'accroissement d'adhérence* du système au sol, conséquence de l'action des 19 autres vingtièmes (19/20) de la dite poussée. Ces 19/20, en effet, ne rencontrent devant eux que le *vide* ([1]) existant, de la colonne d'une travée à la colonne de la travée suivante ; ils sont transformés — dans une proportion différente, il est vrai, selon que l'on envisage le système tubulaire ou le système en arcades — partie en poussée ou effort de pivotement autour de l'appui du revêtement sur le sol, c'est-à-dire autour des fondations ; partie en pesée ou effort sur l'armature dans le sens vertical.

F. $\frac{6}{III}$

Dans le revêtement tubulaire, la chose est de toute évidence à première vue, la hauteur du massif à soutenir étant divisée en étages dont chaque assise joue isolément le rôle du plan de fondation du système, du moment que les plaques-couchis ont, en profondeur, une longueur égale à la hauteur de l'étage ou cellule ; à plus forte raison, il est pleinement satisfait à cette condition en faisant déborder (ainsi que cela existe dans le dessin) ces plaques, de 0$^m$,50 — ou d'avantage — en arrière des colonnes de l'appentis postérieur.

---

décompose à son tour en deux autres « composantes *n*, $P_1'$ égales entre elles, respectivement verticale et horizontale, de valeur donc $P_1' = \dfrac{P'}{\sqrt{2}} = \dfrac{P}{\sqrt{2}\sqrt{2}} = \dfrac{P}{2}$.

(1) Que nous nommons *cellule* dans le système tubulaire et *niche* dans le revêtement par arcades.

Dans le revêtement en arcades, le même avantage est rendu apparent par la fig. 7. En effet le parement antérieur du talus de ballast, qui remplit la niche, représenté, *après la construction* du revêtement, par la ligne $\alpha\beta$, pourra devenir, après la canonnade, $c\partial$, puis finalement $cf$, empiétant sur tout le terre-plain de la berme et aboutissant par son haut à la console-support de la plaque-voûte. Il suffit donc que la plaque-voûte déborde en arrière, vers le rempart, de $0^m,50$ environ à l'instar du couchis du système tubulaire, pour que la composante au glissement, $P_t'$, soit détruite ou, plutôt, transformée.

F. $\frac{7}{III}$

Voyons maintenant quel est le danger pour la stabilité, résultant de la composante au renversement qui provient de la charge des terres. Originairement, cette composante est de valeur identique à $P_t'$, sauf que, au lieu que son point d'application soit au pied du revêtement, il se trouve au centre de figure de ce revêtement. Or ce centre de figure est placé entre les 4e et 5e mètres de la hauteur.

F. $\frac{5, 6, 7}{III}$

Même dans sa totalité, cette force ou poussée n'est pas bien dangereuse dans le système tubulaire; elle l'est d'avantage dans le système par arcades; aussi nous suffira-t-il de l'envisager dans ce dernier système. Toutefois, comme elle agit en commun avec le poids propre de la plaque-voûte pour faire pivoter le revêtement autour de sa trace sur le sol des fondations, il semble préférable de ne pas en isoler l'examen mais de les comprendre réunies dans la démonstration.

Nous disons donc que l'effort considérable exercé sur la tête de la colonne, est une combinaison de deux efforts distincts : 1° la composante $P_t'$; 2° le poids Q de la plaque-voûte, avec ses poutrelles de soutien.

F. $\frac{5, 7}{III}$

La composante $P_t'$ (P exprime le poids du massif *total* des terres *exposées à ébouler*, ABCDE, fig. 5) est, en réalité, abaissée à une valeur moindre $p_1'$ ($p$ exprimant le poids *de la partie* de ce même massif, qui surmonte immédiatement la plaque-voûte, AB'C'DE, et admettant que la plaque-voûte est un seul plan incliné à 45°) ; l'évaluation en est donc aisée.

Examinons l'importance et l'action de ces deux efforts : $P_1'$ ou plutôt $p_1'$, et Q.

F. $\overline{\text{III}}$

1° *Poids* $p$ *du massif des terres qui, dans une travée, surmontent la voûte.* Il est :

$$p = \left(\frac{11 \times 11 + 3 \times 3 + 3 \times 3 - 5 \times 5 - \frac{5 \times 1}{3}}{2}\right) 5 = 280^{m3} \text{ ou } 560 \text{ T}^1(^1),$$

dont les composantes actives en son point d'application, $m$, sur la plaque-voûte sont : $p_1' = \frac{p}{2} = \frac{560}{2} = 280$ Tonnes.

La composante verticale $p_1'$ s'exerce sur toute l'étendue d'une surface de $25^{m2}$ ; si nous la projetons (ou condensons) dans le plan de symétrie de la ferme ou pied-droit, sa valeur se répartira dans le sens du profil, de $1^m$ en $1^m$ en comptant de la magistrale, à peu près de la manière suivante : $\frac{15}{2}, \frac{45}{2}, \frac{125}{2}, \frac{375}{2} = \frac{560}{2}$ Tonnes.

F. $\frac{3, 5, 7}{\text{III}}$

2° *Poids* Q *de la plaque-voûte, des poutrelles-supports et du chapiteau.* Il s'évalue comme suit, en prenant les nombres du « tableau du calcul des volumes », page 105 :

       *a*) Cube de la plaque-voûte  .  1,7065

       *b*)  id.  de la poutrelle-coudée  1,0008

       *c*)  id.  du chapiteau  .  .  .  0,2468

       En tout  .  .  .  $M^3$  2,0541 = 16 Tonnes,

lesquelles, ramenées également dans le plan de symétrie du pied-droit, se répartissent dans la longueur du profil selon les nombres 3, 4, 5, 4 = 16 Tonnes.

La somme de ces deux séries est :

          10,50 — 24,50 — 67,50 — 191,50

---

(1) Voir la note (1) de la page 111.

ou, en chiffres ronds :

$$10 ; 25 ; 65 ; 190.$$

Cette relation dans les chiffres qui représentent la distribution des poids, nous fait voir que leur centre de masse commun paraît être à environ $0^m,75$, au plus, de l'axe de la colonne, en avant et du côté du fossé. La projection de ce centre tombe donc en dedans de la pyramide dont la colonne-support et les deux étançons forment les arêtes; c'est-à-dire que la résultante de toutes les charges agissant verticalement de haut en bas, tombe dans l'intérieur de cette base et n'exerce, en conséquence, aucun effort pour provoquer la rotation de l'armature autour de la base, que ce soit vers le rempart — ce qui restituerait une propension au glissement du pied vers le fossé; ou que ce soit vers la campagne — ce qui aboutirait au renversement de l'escarpe dans le fossé.

Notre exposé ci-dessus considère seulement les composantes verticales ou pressions. Mais il y a la composante horizontale ou poussée, $p_1'$, laquelle agit dans la direction de la campagne avec un bras de levier vertical qui doit, d'après nos épures (fig. 7), osciller vraisemblablement dans les environs de $5^m,50$ — plus ou moins —, sollicitant ainsi un mouvement de rotation de l'armature autour de la ligne des pieds des étançons comme charnière (projetée en H, fig. 7). L'effort équivaut à

$$280 \text{ Tonnes} \times 5^m,50 = 1\,340 \text{ Tonnes-Mètres.}$$

Mais pour contre-balancer cette force, il y a, en sens opposé :

1° La composante identique $p_1'$, avec un bras de levier de . . . . . . . . . . . . . . . . . . . . . $2^m,00$

2° Le poids de toute l'armature — laquelle constitue une masse rigide dont toutes les pièces sont rigoureusement solidaires —, évalué, par le moyen du tableau page 105, à $3\,1/_3$ $M^3$ ou 27 Tonnes, avec un

8

bras de levier de . . . . . . . . . . . 2$^m$,50

3° La composante verticale active de la pression P—P (différence entre le poids du massif total des terres et le poids de la partie de ce massif qui surmonte la plaque-voûte). Cette composante est $\frac{P-P}{2}$ ; sa valeur en chiffres est : 610 — 280 = 330 T$^s$. ; elle agit sur la semelle de la colonne-support, avec un bras de levier à très-peu près de . . . . . . 2$^m$,75

Ramenons, pour la simplicité, ces trois actions partielles à un bras de levier commun, de préférence celui de 2,75; nous aurons :

$$
\begin{array}{rrcr}
1° & 204 & \times & 2,75 \\
2° & 24 & \times & 2,75 \\
3° & 330 & \times & 2,75 \\
\hline
& 558 & &
\end{array}
$$

L'effort de la résistance est donc égal à 1 534 T$^s$. M$^s$.

On voit que l'équilibre est acquis, et qu'il l'est d'autant plus certainement que nous avons exagéré en plus le premier membre : *poussées au renversement* ; — et en moins le second membre : *résistance aux dites poussées.* On peut en augmenter la certitude dans une proportion considérable par une mesure simple, laquelle consiste à éloigner de 1 mètre en plus (d'avantage est encore possible dans certains cas) vers le fossé, les pieds des étançons, mesure qui ne les exposera nullement à être vus de l'artillerie ennemie, puisqu'ils n'en restent pas moins recouverts par 1$^m$ — et au delà — d'épaisseur de ballast. Cet accroissement dans l'écartement des pieds des étançons donne de suite, avec le Poids, 558 T$^s$., évalué ci-dessus, un accroissement de 558 Tonnes-Mètres (T$^s$. M$^s$.).

Toutes les conditions contre une tendance au renversement sont donc réalisées.

F. $\frac{5,4,7}{III}$   Le poids, calculé plus haut, du massif des terres qui surmontent la plaque-voûte, nous permet d'introduire une nouvelle conclusion importante. La surface que ce massif recouvre est de $5 \times 5^m = 25^{m2}$. Ramené à l'unité de surface, son poids donne :

Tonnes 22,50 par 1 mètre carré

soit Kilog$^s$ 2 $^1/_4$ par centimètre carré, ce que l'on peut admettre comme étant une charge trop insignifiante pour compromettre l'intégrité de la plaque-voûte si on se reporte aux dimensions de celle-ci et à l'appui qu'elle reçoit de ses supports.

D'un autre côté, ce poids moyen (prenons le chiffre entier 22, au lieu de 22,50) se répartit en profondeur, c'est-à-dire perpendiculairement à la magistrale et vers le rempart, de $1^m$ en $1^m$, dans le rapport approximatif suivant :

13 — 19 — 25 — 31 Tonnes.

Le poids propre de la partie de l'armature (plaque-voûte et poutrelle-coudée) qui supporte cette charge, est de 8 Tonnes environ, lesquelles, dans le sens du profil, se répartissent d'une manière assez uniforme, soit 2 T$^s$. par $1^m$, ce qui porte les chiffres de la proportion précédente à la valeur :

15 — 21 — 27 — 33 Tonnes.

Par suite, la partie de la charge existant sur la bande, de $2^m$ largeur, qui longe la magistrale, est représentée par la somme des deux premiers termes de la progression, c'est-à-dire par 15 + 21 = 36 Tonnes; soit pour une travée 180 Tonnes. Or, cette bande est, précisément, la partie de la plaque-voûte qui déborde, vers la campagne, la ligne des extrémités des corbeaux.

La poutrelle-coudée support de plaque-voûte est l'organe spécialement opposé à ce poids, 180 Tonnes, de la bande susdite. Chacune de ses branches supporte donc, en son point de sortie des consoles du chapiteau, un effort de flexion ou de rupture transversale de 90 Tonnes, qui agit avec un bras de levier de $1^m$ (demi-largeur de la bande) sous un angle de 3/5

(3 de hauteur pour 5 de base), lequel équivaut à 34$^g$,40 (ou 30°,57'). Le cosinus de cet angle étant de 0,8576, l'effort de rupture par branche, en la tranche d'encastrement, se réduit à 77 Tonnes environ.

F. $\frac{3, 4, 7}{III}$

L'intégrité de la voûte sous l'action de ce poids dépend donc de la rigidité de la plaque-voûte (tant rigidité propre que celle qui résulte du mode d'assemblage sur la tête de la colonne), et de la résistance opposée à la rupture par les poutrelles au point où elles quittent les corbeaux. Or toutes ces pièces offrent une sécurité absolue. Ainsi, par exemple, la section de la poutrelle étant de 0$^m$,16 hauteur sur 0$^m$,12 base, le coëfficient de rupture d'une telle section dépasse 1 500 T$^s$, c'est-à-dire est égale à près de 20 fois l'effort dangereux ([1]).

Le danger de rupture de la plaque-voûte et des poutrelles-supports n'existe donc pas.

F. $\frac{7}{III}$

La tête de la colonne, qui supporte les poids réunis du cha-piteau, des poutrelles, de la plaque-voûte et des terres, n'est pas plus exposée. Ce poids total est de 560 + 16 = 576 T$^s$, dont la composante normale à la plaque-voûte est de $\frac{576}{\sqrt{2} = 1.4} = 412$ T$^s$, laquelle agit suivant la ligne $vv$, avec un bras de levier égal à 1$^m$,20, si nous prenons en $tt$ (base du chapiteau et point d'appui des étançons sur la colonne) la position de la tranche de rupture éventuelle, dont la surface est égale à environ 3 décimètres carrés (0$^{m2}$,03).

F. $\frac{14, 15}{III}$

L'écrasement des pièces dans le sens vertical n'est pas d'avantage à redouter; mais il importe extrêmement d'assurer l'inva-riabilité de la position relative des pieds des étançons et de la

---

([1]) Tables de Log. de Lalande : Le coëfficient de rupture d'un fil de fer de 2 millimètres de diamètre est de 249$^k$,659. Il s'agit, il est vrai, de l'étirage ou allongement. Mais pour la rupture le chiffre n'est pas moindre.

colonne, lesquels forment la trace, sur le plan horizontal, du pied-droit support de la voûte.

Telle est la première partie essentielle de notre fortification.

---

### FOSSÉ. — CONTRE-ESCARPE.

**Fossé.** — Le revêtement d'escarpe occupe toute la hauteur $\text{F.} \frac{6,7}{1}$ et $\frac{4}{VI}$ du fossé. Au-dessus du terrain naturel, l'escarpe est continuée par le talus extérieur du parapet, dont l'inclinaison est, comme d'habitude, de 45°.

La profondeur originelle du fossé est de 9 mètres. On se rappelle toutefois que nous n'en faisons pas horizontal le plafond, mais que nous y adaptons certaines dispositions particulières tenues à des cotes diverses. Ainsi la profondeur n'est que de 8 mètres aux abords de la projection de la magistrale, où nous ménageons une berme de 2 mètres de largeur. Si nous ramenons ainsi de 9 mètres à 8 mètres la profondeur du fossé au pied de l'escarpe, c'est afin de réduire le coût du revêtement sans altérer les propriétés défensives de l'ouvrage, et sans nous priver du cube de terre dont nous avons besoin pour le rempart, le parapet et les autres détails intérieurs de l'ouvrage.

Le fossé sera, d'ailleurs, muni d'une cunette centrale destinée à recueillir les eaux pluviales. D'autre part, nous serions d'avis de porter le creusement à 9m,50 au pied de la contre-escarpe devant le bastion. On sait, en effet, que la pente du fossé-capital vers le saillant, à partir de la capitale du front, accroît les contrariétés que rencontrerait l'ennemi dans la construction d'un passage de fossé.

Nous continuons la berme le long des faces de la caponnière, afin de nous réserver le plain-pied sur toute la longueur de la communication entre la tour et le fossé-caponnière. Ainsi, la berme et tout le terrain qui sert d'assiette à la caponnière sont à la cote (— 8) mètres. Quant au fossé-caponnière, nous ne lui donnons, en pointe, que $7^m,00$ de profondeur et cela pour des raisons de flanquement de cette partie des œuvres-mortes, comme aussi pour les convenances de la construction de la tête de la caponnière ainsi qu'on le verra plus loin. Ce fossé se raccorde, du reste, en pente douce avec le fossé-capital.

**Contre-escarpe.** — La contre-escarpe ne nous paraît pas devoir exiger de disposition spéciale. Elle est revêtue, et ce revêtement sera, comme à l'ordinaire, un mur de $1^m,00$ d'épaisseur. Nous ne lui donnons toutefois, par économie, que $5^m,00$ de hauteur au-dessus du fond du fossé, économie qui ne diminue pas la valeur défensive de l'ouvrage, l'augmente plutôt. Ainsi la crête du revêtement de contre-escarpe est à la cote (— $4^m,00$) sous le terrain naturel. La seule particularité à mentionner est que, dans le but d'éviter que les feux flanquant les fossés ne dégradent et ne finissent par renverser le revêtement de contre-escarpe, nous le cuirassons aux saillants à l'aide d'une plaque de fer de $0^m,025$ d'épaisseur. Cette cuirasse, quoique mince, résistera suffisamment, croyons-nous, et contribuera à favoriser le ricochet des balles. Elle occuperait, devant le bastion, tout l'arrondissement de la contre-escarpe et se continuerait, au-delà, jusqu'à une trentaine de mètres de chaque côté. Devant la caponnière, la cuirasse recouvrirait toute la longueur et la hauteur de la contre-escarpe, contre laquelle, on le sait, sont appliquées les rampes qui complètent la communication avec la campagne.

## B. — Dispositions de flanquement.

CAPONNIÈRE. — TOUR. — FLANCS.

**Caponnière.** — Une escarpe n'est totalement indestructible et    F. $\frac{1,8}{1}$
infranchissable que si le pied en est balayé par des feux flan-
quants, et ces feux doivent être indestructibles si nous voulons
que le corps-de-place soit réellement hors d'insulte.

C'est la caponnière qui joue ici le rôle d'ouvrage flanquant.
Pour qu'elle remplisse bien son but, une caponnière doit être
telle qu'elle soit encore intacte **lorsque le corps-de-place
est démantelé d'un bout à l'autre.** Cette condition, nous
la demandons à une caponnière d'une forme et d'une construction particulières.

C'est une erreur de chercher à donner au flanquement proprement dit une action quelconque sur le terrain extérieur, ou
seulement sur les travaux des contre-batteries. Le flanquement
doit se borner à couvrir de feux le pied de l'escarpe ou des
brèches. Certes, il y a inconvénient à ce qu'un ouvrage ou une
portion d'ouvrage soit exposé à recevoir, sur sa couverture, les
coups de batteries ennemies sans pouvoir les rendre ; mais si
le flanquement est disposé de façon à répondre aux batteries
de l'attaque, c'est-à-dire de façon à satisfaire à un double objet,
l'inconvénient est bien plus grave encore, car cette artillerie
sera en butte à la riposte et son feu sera éteint longtemps avant
le moment où il est le plus indispensable. Qui veut voir sera
vu ! Lutter avec le feu éloigné ou rapproché, avec le feu de
l'attaque en un mot, c'est une mission qu'il faut réserver aux
batteries élevées, à celles dont on garnit le rempart. Quant aux
batteries destinées à flanquer, nous les condamnons à ne voir

l'ennemi que quand il sera descendu dans le fos sé. La défense doit se comporter comme le fait l'attaque; **ne pas confondre, mais séparer les rôles.** En dérobant nos batteries flanquantes aux effets des projectiles de l'artillerie adverse, nous trouverons plus de facilité à les constituer de façon qu'elles n'éprouvent aucun mal de ce feu, quelque violent qu'il soit.

F. $\frac{3, 4, 5}{VI}$ La disposition qui nous permettra de satisfaire à cette propriété, *nous la découvrons dans le flanc de la tenaille du tracé de Chasseloup,* et c'est le principe de cette tenaille que nous appliquerons à notre caponnière. Les pièces de la caponnière verront le fond du fossé; elles n'apercevront pas la crête du glacis et n'en seront pas vues.

Notre caponnière est donc une grande casemate. Afin de lui donner la condition d'indestructibilité, nous la couvrirons de ballast, et ce ballast lui-même sera recouvert d'une tôle continue formant revêtement.

Deux précautions contradictoires sont ici à concilier. Pour que le revêtement offre une résistance maximum avec la moindre consommation de fer, il importe que les boulets ennemis ne puissent le frapper que le plus tangentiellement possible. Cette condition obligerait à n'enterrer que peu la caponnière. Mais l'artillerie qu'elle renferme devant être dérobée totalement aux vues de la contre-escarpe, il est désirable que la caponnière soit, au contraire, à la plus grande profondeur possible. Comme moyen terme, nous tiendrons le sol de la caponnière à $8^m,00$ sous le terrain naturel, et nous aplatirons la carapace qui la recouvre de telle sorte que les boulets ennemis la frappent généralement sous un angle qui ne soit pas inférieur à $160^g$, lequel est très-propre au ricochet.

Au sujet du ricochet, rappelons un principe que nous chercherons à réaliser dans toutes les parties de notre fortin.

En général, il est difficile, inefficace et dangereux de vouloir arrêter les projectiles. Il est mieux de les faire dévier de leur route, c'est-à-dire de les forcer à ricocher dans le sens qui nous expose aux moindres dégâts.

Le ricochet a toujours été, avec raison, un moyen d'action redouté de la défense. Pouvant être réglé avec une précision suffisante dans le plan vertical de tir, il permet une destruction rapide et certaine de tous les objets qui se rencontrent dans ce plan, et qui ne sont pas convenablement abrités. Mais le ricochet qui se produit dans un plan oblique au plan de tir ne donne que des résultats totalement aléatoires, parce que ses effets ne peuvent être calculés et dépendent complètement du hasard. En conséquence, lorsque le ricochet dans le plan vertical du tir est rendu impossible par des dispositions particulières, l'attaque en est réduite, pour atteindre les objets, au tir direct —, soit le feu de plein fouet par canons, soit le feu courbe par mortiers. A l'inverse de ce que souhaite l'ennemi, et toutes les fois qu'il est possible, la défense doit donc se préoccuper de faire dévier le projectile ennemi horizontalement, ou tout au moins obliquement, c'est-à-dire l'écarter du but qui est assigné à son voyage et s'efforcer de le rejeter vers la campagne. Le ricochet change donc de caractère. L'assiégé utilise cette propriété balistique pour sa défense, au lieu de chercher, en quelque sorte, à attraper le boulet au vol pour l'arrêter.

Nous avons eu l'occasion déjà de faire l'application de ces principes dans la construction de l'escarpe; nous en aurons encore plusieurs exemples dans l'établissement de quelques détails de notre dispositif; la caponnière en est un des plus frappants.

La forme que nous donnons à la carapace de la caponnière produit le résultat désiré. En plan, elle affecte, comme toute demi-lune centrale, une forme analogue à celle d'un redan. En coupe longitudinale, son arête dorsale est une ligne ogivale dont la pointe va s'enterrer dans le plafond du fossé-caponnière. En

F. $\frac{1, 8, 7}{1}$

profil transversal, elle donne un contour terminal assez semblable à un quart de cercle qui reposerait par ses deux extrémités
sur le sol, la convexité étant tournée vers le haut.

La surface du revêtement de la caponnière est, de la sorte,
complètement déterminée.

Notre caponnière, vue de haut, a une certaine ressemblance
avec la tortue ou même avec un gland de chêne coupé suivant
le plan de symétrie. Sauf illusion de notre part, nous croyons
cette disposition la plus avantageuse que l'on puisse adopter.
Les boulets, n'importe le point de la contre-escarpe d'où ils
viennent, si l'épaisseur de la carapace est proportionnée à l'effort
éprouvé, ricocheront sur la surface sans l'entamer et seront
projetés vers les logements ou les positions de l'ennemi.

Les casemates que recèle la caponnière n'offrent pas, à proprement parler, de dispositions spéciales, du moment que
l'emplacement de la ligne de feu générale de chaque casemate
est déterminée (et nous verrons tantôt quelles considérations
servent à fixer cet emplacement). Nous donnons à leurs voûtes
$3^m,00$ de hauteur sous clef, et $1^m,00$ d'épaisseur de maçonnerie
à la clef. Nous les recouvrons, en outre, de $3^m,00$ de ballast.
Par suite, la hauteur totale hors-œuvres de la casemate est, en
capitale, de $7^m,00$ à $7^m,50$, c'est-à-dire que la dorsale est encore
de $0^m,50$ à $1^m,00$ *au-dessous* du terrain naturel.

F. $\frac{1,6}{VI}$, $\frac{1}{VIII}$ Il y a lieu de déterminer la position et la direction des
genouillères des embrasures des pièces, et voici comment nous
nous y prendrons. Remarquons d'abord que l'emplacement de
la ligne de feu générale par rapport à la capitale de la caponnière,
se déduit de la disposition et des dimensions à donner aux caves
à canons, aux abris pour hommes et aux magasins. L'étendue
du masque, en plan, résulte ensuite d'une construction graphique. On peut, d'ailleurs, suivre la méthode inverse.

A cause de la forme fuyante, obligée, de la trace horizontale de la caponnière (disposition adoptée afin que la face et la pointe de la caponnière soient convenablement flanquées du corps-de-place), il est évident, tout d'abord, que les milieux des genouillères des deux embrasures se trouveront sur une ligne oblique $\alpha\beta$ (fig. 1, droite), et non sur une ligne perpendiculaire à la magistrale du fortin, puisqu'une même épaisseur de masque devra couvrir les deux embrasures. Les deux caves à canons d'une même face de la caponnière se présenteront donc en retraite, comme l'indique la figure (fig. 1, gauche).

F. $\frac{1}{VI}$

En considérant à la fois les deux demi-caponnières, on découvre qu'il existera naturellement, entre les deux lignes de caves, un espace assez notable, placé à cheval sur la capitale et dont on pourra tirer parti pour divers usages. D'après cela, voici quel nous paraît devoir être le meilleur aménagement des casemates de la caponnière :

F. $\frac{6}{VI}$

— Des locaux centraux, A, A, B, B; A étant magasin à munitions, B servant de caserne proprement dite à l'usage de la garnison de ce dehors;

— Une première rangée de caves à canons C', C', adossées immédiatement à la caserne;

— Une deuxième rangée de caves à canons C, C, plus rapprochées de la gorge de l'ouvrage et laissant entre elles et la caserne B, B, des locaux D, D destinés à servir, l'un de corps-de-garde, l'autre de logement d'officier.

Avant de compléter la description des souterrains de la caponnière, tirons, des prémices qui viennent d'être posées, une conclusion importante ; c'est que, afin que ces souterrains offrent l'ampleur nécessaire, il est désirable que, épaisseurs comprises, la distance $gg$ (fig. 6) entre les embrasures opposées de la première rangée de caves à canons, ne soit pas inférieure à

24 mètres et ait même, si possible, 28 à 30 mètres. La demi-distance (jusqu'à la capitale) est donc de 12, 14 ou 15 mètres.

F. $\frac{1,6}{VI}$, $\frac{1,2}{VIII}$

Passons maintenant à la détermination du masque-abri des casemates. A cet effet faisons (fig. $\frac{1}{VI}$, gauche), dans la caponnière, une coupe transversale TT, par un plan parallèle à la face du fortin et qui rencontrera le logement de la contre-batterie sur la contre-escarpe, devant le saillant. Nous prendrons ce profil par l'axe de l'embrasure, C, la plus rapprochée du corps-de-place.

Construisons ensuite le coup de feu $cc$, tiré de la caponnière vers le débouché de la descente de fossé éventuelle devant le bastion, et réduisons au minimum, soit à 0$^m$,50, la hauteur de la bouche $m$ de l'avant-embrasure sur la carapace.

Le coup tiré de la contre-escarpe doit, non seulement, ne pas atteindre l'embrasure de la cave à canons, mais même il est bon qu'il s'en tienne à une certaine distance. En traçant la ligne $ff$ comme direction du projectile, nous voyons qu'il est possible de limiter la carapace, et par conséquent le contour de la caponnière dans le profil, en $m$, soit à 24,00 ou 25$^m$,00 de la capitale du front.

Cette dimension-limite obtenue devant la première rangée de caves à canons C, C (fig. $\frac{6}{VI}$), nous achevons, en forme d'entonnoir, le tracé de l'avant-embrasure dans le profil (fig. $\frac{2}{VIII}$).

La longueur considérable de cet entonnoir permet de le traverser par une cour G (fig. $\frac{2}{VIII}$), qui fonctionne à la manière de la cour de la casemate de la tenaille-Chasseloup et qui partage le profil de la caponnière en deux parties nettement caractérisées : la caponnière proprement dite $\alpha\beta$, et le masque $\beta\gamma$.

Tous ces détails étant arrêtés, nous traçons le contour-relief de la carapace de façon à rendre les angles de chute des projectiles ennemis de plus en plus doux, à mesure qu'on s'élève vers la dorsale. Pour la facilité de sa confection, la surface de la carapace pourrait se décomposer, comme l'indique la fig. $\frac{1}{\text{VIII}}$, en trois bandes ou segments distincts, d'inclinaisons diverses; par suite, chacune de ces bandes serait formée de tôles d'épaisseurs différentes.

Si nous mesurons les angles sous lesquels les projectiles tirés de la contre-escarpe devant le saillant du bastion, rencontrent la corde de la carapace aux diverses hauteurs, nous voyons que, sur l'arête dorsale, cet angle est de près de 200$^g$; qu'il s'abaisse jusqu'à 170$^g$ sur l'arête extérieure de l'avant-embrasure; enfin qu'il ne descend pas au-dessous de 165$^g$, si le point touché est le pied même, c'est-à-dire la trace, de la caponnière sur le sol du fossé.

De la valeur de ces angles, nous sommes à même de déduire les épaisseurs qu'il semble le plus convenable de recommander pour les tôles de chacun des trois segments. En partant du pied $m$ et nous élevant sur le dos jusqu'au 2$^d$ mètre de hauteur, en $n$, nous donnerons 0$^m$,12; à partir de ce point jusqu'au 4$^e$ mètre, point $p$, nous prendrons seulement 0$^m$,08; finalement pour le restant de la cuirasse, de $p$ en R, nous nous tiendrons à 0$^m$,05 d'épaisseur de tôle (ceci, il est vrai, en raisonnant dans la supposition d'un tir tendu; mais si l'on considère l'éventualité d'un tir courbe, de loin, l'épaisseur de 0$^m$,05 ne peut suffire; il faudra, sans doute, 0$^m$,08 à 0$^m$,10).

L'arête formant la bouche de l'avant-embrasure sur la carapace nécessitera un renfort particulier, parce que cette partie est la plus exposée à être détruite par les projectiles tirés de plein fouet. Nous croyons qu'il serait prudent de former cette arête d'une cornière en fer de 0$^m$,15 à 0$^m$,20 épaisseur et de section transversale semblable à un V couché, qui se raccorderait avec les surfaces dont elle est, d'ailleurs, l'arête d'intersection. Nous nommerons cette pièce spéciale le *pourtour d'embrasure*.

Une des conditions de résistance de la carapace, c'est que sa     F. $\frac{6,\,7,\,8}{\text{VI}}$

rigidité soit aussi complète que possible. Ce n'est pas le remblai de ballast sur lequel elle repose, qui pourra offrir la garantie désirable à cet égard. Mais il sera nécessaire de la faire supporter par un système de poutrelles de fer, en forme de T, assemblées elles-mêmes sur des colonnes de fonte (fig. 7); la fig. 6 montre comment on déterminerait le nombre et la disposition de ces sortes de fermes. Le bord inférieur de la carapace serait reçu, et assemblé, dans une cornière ou longrine générale qui règnerait tout le long de la trace de la caponnière sur le sol.

F. $\frac{1, 6, 8}{VI}$     Chaque cave à canons possède une embrasure propre. Mais le masque est percé d'une avant-embrasure unique pour les deux pièces correspondant à cette face, afin d'étendre le champ de tir de chaque pièce dans le sens latéral.

Pour le tracé des embrasures et la détermination des avant-embrasures, voici ce que nous croyons devoir adopter. Nous assignons à la première pièce, comme position limite, l'extrémité I du flanc du front, et à la seconde pièce le pied J de la rampe qui mène du fossé-capital à la place d'armes saillante. L'amplitude générale du champ de tir est, de la sorte, limitée par les deux lignes KI, K'J (fig. 1), et l'on en déduit la largeur de chacune des embrasures et celle de toute l'avant-embrasure.

La superficie entière du fossé-capital est donc battue efficacement des feux de la caponnière.

En section transversale, l'avant-embrasure a une forme semi-elliptique (fig. 8), dont le grand axe est horizontal. Sa voûte est en fonte ou en fer commun, puisqu'elle n'a aucun choc immédiat à redouter. Comme la portée en est très-longue, nous soutenons cette voûte, au milieu de sa largeur, par deux piliers de fer H, H', capables de résister aux chocs directs des boulets et dont la section de base est donnée par le losange L (fig. 6). Les deux faces postérieures de ce losange forment, du reste, un angle très-aigu, afin de favoriser l'écoulement, en avant, des projectiles de la défense, et les deux faces antérieures se croisent à angle droit de façon à faire ricocher latéralement les projectiles lancés de la contre-escarpe. Les joues de l'avant-embrasure se raccordent avec la carapace. Le fond en est à terres libres.

Il est encore, dans la construction des avant-embrasures, $\quad$ F. $\frac{1,3}{\text{VIII}}$
certaine précaution que nous allons indiquer. A cet effet, reprenons le projectile tiré du logement de la contre-escarpe, et voyons comment il importe que sa marche soit dirigée pour que, à la longue, il ne produise pas des dégâts irremédiables dans l'avant-embrasure.

De toutes façons, nous ne pouvons empêcher que le projectile s'engage dans l'ouverture béante que l'orifice de l'embrasure-tunnel présente dans le masque; mais nous pouvons éviter qu'il ricoche ou éclate de suite après avoir touché le *fond* de l'embrasure. Nous y parviendrons en découpant la partie antérieure de ce fond en forme de fossé cunéiforme dont le talus, adouci et *ameubli*, permettra au projectile de s'enterrer aisément, sans ricocher ni éclater. Nous obligerons ensuite le projectile, dès l'instant qu'il aura pénétré dans le sol, à dévier dans une direction plus verticale, vers le bas, en opposant à la route qu'il suit une plaque en fer, $rr$ (fig. 1), posée à l'inclinaison de 1/3, en moyenne, par rapport au coup de feu le plus dangereux. Nous désignerons cet appendice sous le nom de *contre-plaque*.

La résistance que la contre-plaque offrira, aura une influence incontestable sur l'intégrité du masque et, par conséquent, de la cave à canons. Il ne faut donc pas hésiter à lui donner des dimensions convenables. Celles que nous proposerions seraient les suivantes (fig. 3) : dans le sens du profil, une longueur supérieure au chemin que parcourrait le projectile avant d'avoir perdu toute sa force, soit 4$^m$,00; comme épaisseur, environ 0$^m$,07. Nous la cintrerons en outre légèrement, de façon à donner à sa courbure une flèche de 1/15 à 1/20 de la longueur totale. Dans le sens du front de la batterie, la contre-plaque aura la largeur nécessaire à continuer, jusqu'en arrière des joues de l'embrasure, la voûte souterraine qu'elle est destinée à former.

Les boulets pleins ne produiront sur la contre-plaque aucun effet. Quant aux obus, leur éclatement ne parviendra pas à soulever ou à déplacer cet obstacle, et l'effet de fougasse — au moins dans son principal effort — se produira précisément selon la direction d'arrivée du projectile. Afin de rendre la stabilité de la contre-plaque plus certaine encore, elle sera chargée de blocailles ou ballast, que nous élèverons jusqu'au mur de soutènement de la cour de la casemate, tandis que le sol qu'elle recouvre sera excavé et remplacé par du sable pur ; il n'en manque pas sur nos côtes.

Les propriétés défensives et offensives principales de la caponnière nous paraissent complètes. Disons rapidement quelques mots de détails plus secondaires, quoique importants, que nous avons passés sous silence.

En général, ceux des murs de nos casemates qui sont appelés à faire l'office de pieds-droits extérieurs ou principaux des diverses voûtes, auront 2$^m$,00 d'épaisseur. Il en sera de même des murs des magasins à poudre. Quant aux autres murs et aux voûtes, nous croyons qu'on peut se borner aux échantillons de 0$^m$,50 a 0$^m$,65, selon le cas. L'arc-boutement de tous ces locaux entre eux, et le secours qu'ils reçoivent des remblais en matériaux durs qui les enveloppent, semblent justifier nos suppositions.

F. $\frac{6}{VI}$  Entre les locaux de la caponnière et sa gorge, nous ménageons une cour, E (fig. 6), laquelle, d'ailleurs, est voûtée à 4$^m$,00 de hauteur et, de plus, est couverte par la carapace comme toute l'étendue de ce dehors. Dans cette cour débouchent les portes

de communication avec les divers locaux. Le plan (fig. 6) montre
qu'il existe, entre le magasin à poudre A et la caserne B, une
galerie d'isolement qui, cependant, communique avec les batteries C' et C. La circulation est assurée entre les caves à canons.
Enfin, du corps-de-garde et du logement d'officiers D, D, on
pénètre également dans ces caves par des portes distinctes.

Le long de la gorge de la caponnière règne une *galerie cré-
nelée* destinée à agir sur le *fossé de la tour*.

Enfin l'avant-cour GG des batteries est, non-seulement un
vide dans lequel viendront, pendant l'attaque, se perdre les
éclats que l'explosion des projectiles projetterait fortuitement
dans la direction des casemates, mais, en dehors du moment de
l'attaque, elle est un promenoir où se tiendront les sentinelles
chargées de la surveillance du fossé.

Faisons actuellement connaître la position de la caponnière
par rapport au corps-de-place.

La caponnière doit, d'une part, être détachée de l'escarpe,
afin qu'elle ne serve pas de rampe, en quelque sorte, pour
pénétrer dans l'ouvrage à la faveur d'une attaque de vive force.
D'autre part, le va-et-vient entre le dehors et le corps-de-place
demande à être garanti contre les vues et les feux de la contre-
escarpe. Nous satisferons à ces deux conditions en réservant,
entre la gorge de la caponnière et l'escarpe de l'ouvrage, un
fossé de 4 mètres de largeur en moyenne. Ce fossé offre encore
un autre avantage, c'est d'être une sorte de place de rassemblement parfaitement défilée, pour préparer les sorties de troupes
chargées de l'exécution de coups de main. Pour cette raison,
nous lui donnerons indistinctement l'appellation de « *fossé de la
tour* » ou de « *place de rassemblement*. »

La descente du corps-de-place dans le fossé de la tour s'obtient
par le moyen d'une poterne placée en capitale du front, au centre

9

de la tour polygonale, tour qui, on se le rappelle, est en saillie de 8$^m$ sur la face du fortin et qui intercepte, sur la magistrale, une longueur de 36$^m$ environ.

Prolongeons les extrémités du masque de la caponnière jusqu'à 4$^m$,00 de la face du fortin, et nous couvrons ainsi, entièrement, le débouché de la poterne de la tour.

Avant de clore ce que nous avions à dire de la caponnière, il y a lieu d'ouvrir une parenthèse.

L'escarpe de la tour doit être revêtue, on le sait. Peut-être le procédé par revêtement tubulaire est-il ici d'une application plus facile que le procédé par arcades, en raison surtout de l'espace qui fait défaut (exiguïté de la place de rassemblement) pour amonceler et laisser ébouler le ballast de remplissage des niches. Le revêtement tubulaire donnera, du reste, une plus grande protection à la voûte de la poterne centrale.

La *gorge* de la caponnière n'est pas exposée à des feux directs. Quant aux feux plongeants, il nous paraît bien difficile d'en exécuter d'efficaces à 100$^m$ de distance, même en réduisant la charge des pièces à un minimum excessif. Elle ne recevra donc que le contre-coup du feu exécuté contre toutes autres parties du front. Dans ces conditions, il nous paraît qu'elle peut être constituée, sans inconvénients, d'un simple mur de 1$^m$ épaisseur qui serait protégé par une tôle de 0$^m$,05 à 0$^m$,06, dressée contre les colonnes extérieures supports de la carapace. Ce mur et cette tôle sont, du reste, ainsi que nous l'avons dit plus haut, percés de meurtrières permettant de battre d'un feu de mousqueterie la place de rassemblement.

L'arête d'intersection de la carapace de la caponnière et du profil de la gorge, demande, dans sa construction, une attention sérieuse pour n'être pas ébréchée par le tir ennemi. Il suffit de signaler cette nécessité pour qu'il y soit pourvu; ce n'est ni une difficulté, ni un détail spécial sur lequel il est désirable que nous nous appesantissions.

La caponnière étant actuellement connue dans tous ses détails, on comprend les motifs de l'obliquité des axes de ses embrasures par rapport au droit du fossé-capital. C'est un inconvénient par lequel on a dû passer, afin d'assurer la réalisation d'autres propriétés importantes, tout en échancrant le moins possible la contre-escarpe; telles sont notamment : la couverture des communications, et l'aménagement de l'espace intérieur res'reint dont on dispose pour locaux.

Chaque face de la caponnière est percée de deux embrasures, dont le feu balaie le fossé dans toute sa largeur. Nous verrons plus loin que nous saurons tirer parti du corps-de-place, ou plutôt de la tour, pour y ménager le feu d'une troisième pièce, à titre de réserve utile en cas d'accident qui surviendrait à la caponnière, ainsi qu'il est toujours sage de le prévoir quand on s'occupe de circonstances de guerre.

L'aérage des casemates et des logements de la caponnière n'est pas possible à l'aide de *cheminées d'aérage* telles qu'on les conçoit d'habitude, lesquelles constitueraient un vice et un danger. Cette condition ne peut être réalisée que par l'intermédiaire de la cour voûtée de la caponnière. A cet effet, la partie centrale de la gorge de la caponnière est percée, vers le haut, de créneaux de $\frac{2^m,00\ L.}{1^m,00\ H.}$. Il est à supposer, en effet, avec quelque raison, que la chasse ou tirage qui s'établira par les embrasures, la cour et les larges créneaux dont il s'agit, sous l'action du déplacement d'air qui existe à la surface du sol, sera suffisamment puissante pour entretenir, dans les locaux de la caponnière, un air convenablement renouvelé. Nous reviendrons du reste sur cet objet dans nos « *Dispositions diverses.* »

Faisons une dernière observation. Nous avons dit que le plain-

pied du sol de la caponnière est tenu à 8ᵐ,00 sous le terrain
naturel. Toutefois, le sol des batteries est abaissé à 8ᵐ,50, et
celui des avant-cours à 9ᵐ,00, précisément à cause de la forme
très-surbaissée de la voûte des embrasures-tunnels.

F. $\frac{13\ et\ 16}{VII}$   Il est utile de mentionner rapidement quelles sont les communications que nous donnons à la caponnière avec le corps-de-
place. En premier lieu, il y a la *poterne capitale*, qui débouche
dans la place de rassemblement. Mais il est prudent d'en ménager
une autre totalement souterraine qui, greffée sur cette poterne
capitale, *passe sous la place de rassemblement et débouche dans
le corps-de-garde* (l'un des locaux D). La sécurité, dans le cas où
l'ennemi est pressant, en sera plus complète. Ce couloir pourra
se borner à 2ᵐ,00 largeur et 2ᵐ,00 hauteur sous clef; à ses deux
bouts il est muni d'escaliers.

------

F. $\frac{1, 6, 11}{VI}$, $\frac{1, 7}{I}$   **Flanc.** — Mais il ne suffit pas de flanquer le corps-de-place,
l'ouvrage flanquant doit être flanqué à son tour. Or, nous ne
pouvons tirer cette protection que du corps-de-place même.

A cet effet, sur le prolongement du fossé-caponnière et sous
le rempart de la face de l'ouvrage, nous disposons une nouvelle
casemate à la Chasseloup, non contre-battue des feux de la
contre-escarpe.

Nous en avons déjà fait mention plus haut et le croquis UV en
a été donné Pl. I, fig. 1 et 7. Nous y revenons maintenant, non
pour confirmer nos précédents acquêts, mais pour arrêter les
règles de construction de cet appendice.

Il y a lieu d'abord de déterminer sa position dans la face de
l'ouvrage, c'est-à-dire le degré de son enfoncement dans le
massif, tant en arrière de l'escarpe que sous le terrain naturel.

Pour y arriver, nous ferons une seconde application de la construction graphique déjà employée au sujet de la caponnière.

Soit une coupe BB (fig. 1, Pl. VI). Admettons que le fond de l'embrasure débouche sur le revêtement d'escarpe en $\alpha$ (fig. $\frac{11}{VI}$) à 1$^m$,00 au-dessus du plain-pied de la berme; que 1$^m$,00 soit également la hauteur d'ouverture de la gueule de l'avant-embrasure. Le coup de feu le plus élevé tiré de la contre-escarpe contre la cave à canons aura la direction $ff$.

Il en résulte que, en la construisant vers le point M, la batterie flanquante sera hors d'atteinte des feux de l'attaque. Ainsi, avec les dimensions de fossés et de glacis que nous nous sommes données, les batteries flanquantes du corps-de-place auront leurs lignes de feu ou de genouillère à 15$^m$,00 en arrière de l'escarpe, soit à peu près dans le plan vertical de la ligne de feu du parapet — et de 7$^m$,00 à 8$^m$,00 sous le terrain naturel, ou à une couple de mètres au-dessus du prolongement du plafond du fossé capital.

Ces éléments de base étant déterminés, le reste de la construction est tout-à-fait semblable à ce que nous avons pratiqué pour la caponnière.

On voit que le coup de feu $cc$, $cc'$, de la casemate balaiera aisément toute la longueur du fossé-caponnière, depuis *l'aile* de ce dehors jusqu'à la pointe.

Pour que la nappe de nos projectiles balaie le même fossé dans toute sa largeur, nous donnerons à l'avant-embrasure un minimum de 4$^m$,00 d'ouverture horizontale sur l'escarpe, pour une seule cave à canons et une seule pièce.

L'avant-embrasure présentera, en section transversale, une forme semi-tubulaire dont la voûte est surbaissée. En coupe longitudinale, la génératrice du toit sera tracée horizontalement où, tout au moins, dans la direction du coup de feu partant de la contre-escarpe, condition nécessaire pour que ce coup de feu ne puisse le dégrader.

D'ordinaire, le flanc possèdera un aménagement pour deux pièces, et même pour trois, ainsi que l'épure le représente, et nous disposerons l'embrasure-tunnel totale comme nous l'avons fait pour la caponnière. Chaque pièce aura son embrasure distincte, mais les trois pièces auront une avant-embrasure unique commune, qui absorbera sur l'escarpe une longueur de 12$^m$,00 environ, et dont nous soutiendrons la voûte par des piliers de fer à l'instar de ceux que l'on a vus fig. 6, Pl. VI.

L'avant-cour de l'embrasure est ménagée à 8 mètres en arrière de l'escarpe, et nous lui donnerons latéralement une ampleur suffisante. Du reste, le tracé des divers détails de cette casemate-tunnel ne diffère pas, en principe, de ce qui a été expliqué à ce sujet, à propos des casemates de la caponnière. Le système d'aérage seul réclame des dispositions particulières et l'on en perçoit aisément la raison. En présence de la nécessité, trop évidente, qu'il y a d'évacuer la fumée qui ne manquerait pas de s'accumuler à cette profondeur dans la cave à canons, et notamment dans l'avant-cour, nous faisons une double cheminée de ventilation, qui débouche sur le terre-plain du rempart au pied du talus intérieur. L'une des cheminées est greffée directement sur la cave à canons: l'autre l'est dans le ciel de l'embrasure, au-dessus de la bouche de la pièce.

La voûte et les joues de l'avant-embrasure seront en fer et fonte; le fond en est à terres libres. Quant à la cour, les parois en peuvent être en maçonnerie légère ou en fonte. De même que la caponnière, l'avant-embrasure sera munie d'une contre-plaque rr en fer, recouverte de blocailles. La cave à canons proprement dite sera en maçonnerie, ainsi que tout ou partie des cheminées de prise d'air et d'aérage, lesquelles, du reste, peuvent, s'il y a lieu, être simplement des tuyaux de fonte, si l'emploi en semble plus avantageux. D'ailleurs la casemate-flanc, mieux abritée dans le massif que la casemate-caponnière, laquelle ne jouit pas d'une protection semblable, présentera, dans sa construction, moins de difficultés que cette dernière.

Une observation importante, que nous avons négligé de faire jusqu'à ce moment, est relative aux tentatives de surprises de la place en pénétrant dans les casemates par la voie des avant-embrasures, dont le débouché se trouve à une très-petite hauteur au-dessus du plafond du fossé. Mais nous croyons que ce danger n'existe pas en réalité, et qu'il faudrait plus que de la négligence, une connivence effective de la garnison, pour expliquer l'introduction d'un ennemi armé par un boyau dans lequel il devait ramper à plat ventre.

La position qu'occupe la casemate de flanc en arrière de l'escarpe et sous le terrain naturel, n'est pas un obstacle à la création des locaux et des galeries de communications dont il a été déjà question en substance, et dont il sera parlé en détail dans les pages ci-après, d'autant plus que ces constructions pourront, pour la plupart, lui être superposées, afin de rester de niveau avec le terre-plain intérieur de l'ouvrage.

On a vu précédemment que le feu de la casemate-flanc forme une nappe dangereuse qui sort de l'escarpe à 1 mètre environ au-dessus de la berme et qui rase l'enveloppe de la caponnière. Cette nappe de projectiles ne tardera pas à atteindre le plafond du fossé-caponnière — qui se relève en pente douce — ricochera et passera par dessus la dorsale de ce dehors, se répandant dans toutes les directions en heurtant la cuirasse dont est revêtue la contre-escarpe. Ce fouillis de projectiles fera du fossé-caponnière, des deux côtés de la pointe, un espace dangereux que l'on peut considérer comme absolument impraticable à un assaillant.

Pour le tracé de notre casemate de flanc, nous avons pris, comme profil de recherche, le profil le plus oblique, c'est-à-dire celui qui, partant de la pièce de la contre-escarpe la plus éloignée, donnait la ligne de défense la plus longue. Il va sans dire que les conditions d'intégrité de la casemate sont encore mieux obtenues, lorsque l'on considère le profil droit et tous autres profils rencontrant la contre-escarpe en-deçà de l'arrondissement de la place d'armes, au lieu d'au-delà.

------

F. $\frac{5}{VIII}$   **Tour.** — Les feux de flanc que nous venons de décrire ne sont pas les seuls. Sans chercher à exagérer l'armement de notre petite forteresse, il importe cependant que nous profitions des plus légères circonstances avantageuses pour compléter et pour améliorer les qualités défensives de l'ouvrage. Or remarquons que, jusqu'à ce moment, les feux de flanquement résident uniquement dans la caponnière. Il peut arriver que la caponnière soit momentanément hors d'état d'entrer en jeu, ou que son feu n'ait pas la puissance immédiatement désirable pour contre-battre certaines dispositions que l'assaillant serait parvenu à établir dans le fond du fossé. Dans une telle occurrence, il ne serait pas inutile de posséder, dans le corps-de-place même, une réserve de feu de flanquement capable d'obvier aux inconvénients les plus pressants.

Selon nous, la tour est bien disposée pour contenir précisément cette réserve de feu. Il suffit d'y ménager, au bas de la poterne de communication générale, et de chaque côté de cette poterne, des caves à canons, telles que le montre la fig. 5 et qui, de même que celles qui viennent d'être décrites, soient abritées contre la vue du couronnement de la crête du glacis.

------

**C. — Action sur le terrain extérieur.**

———

ORGANISATION DU FEU DES REMPARTS ET TRACÉ DES PARAPETS.

Après avoir assuré l'intégrité de notre fort, il s'agit de lui donner les propriétés pour lesquelles il est créé, c'est-à-dire les propriétés offensives.

L'objet du fort étant d'agir efficacement sur le terrain extérieur, pour que cet objet soit rempli il faut que le rempart soit armé, c'est-à-dire porte des batteries hautes à l'abri de la destruction par le feu ennemi.

Ce matériel sera d'un fort échantillon, afin d'obtenir à là fois grandes portées et maximum d'efficacité. La grandeur du calibre n'est point ici, comme dans une armée du dehors, un inconvénient, puisque les raisons tactiques ne commandent pas le déplacement de cette artillerie derrière son couvert, à l'instar de l'artillerie de l'attaque dans les boyaux des cheminements. D'autre part, le choix d'un fort échantillon, sans diminuer la rapidité du feu, augmente la sécurité même du fortin tout en permettant de contre-battre avec plus de puissance les alentours et les abords de la forteresse.

Ainsi donc nous dotons l'ouvrage de batteries hautes couvertes.

Outre la portée, qui dépend du calibre, il y a intérêt à ce que la plus grande partie de l'armement possède aussi un champ de tir dont l'amplitude soit la plus grande, afin de compenser l'exiguité de l'étendue de la position lorsque l'on considère la mobilité des buts qui peuvent apparaître en des points de l'horizon variables à l'infini.

Cet ensemble de conditions sera réalisé par les dispositions que nous allons indiquer.

Les pièces principales occuperont naturellement les bastions et la tour centrale. Nous les placerons en barbette, ce qui donne à la bouche de l'âme un commandement de 8ᵐ,00, au minimum, sur la campagne. Les faces porteront aussi quelque artillerie et même des dispositions pour mousqueterie.

Pour garantir nos dispositions contre le feu ennemi, nous ferons un emploi combiné de terrassements et de blindages.

F. $\frac{\text{1 (gauche)}}{\text{VI}}$, $\frac{9, 10, 11}{\text{VI}}$ Remarquons que les tirs ennemis contre lesquels nous avons à prémunir nos pièces sont de trois espèces : 1° le tir direct, 2° le tir à ricochet et 3° le tir plongeant. Ce dernier, surtout dangereux puisqu'il lance des projectiles explosibles dans l'intérieur même de l'ouvrage, exposerait les défenseurs à être frappés, presque à coup sûr, par les éclats qui se dispersent dans toutes les directions, et le rendraient inhabitable. Il n'est guère présumable que l'on soit exposé à un tir à bombes (du moins à bombes lourdes, le seul sérieux) ; nous ne nous en préoccuperons donc pas.

Contre les effets d'un tir de plein fouet, nous donnons au parapet une épaisseur originelle de 6 mètres au moins et, communément, de 8 mètres.

Contre le tir à ricochet, nous découpons d'abord la ligne de feu en crémaillère, dont les dents successives offrent une profondeur minimum de 3ᵐ,00.

Contre le tir à revers enfin, ou contre les effets d'un tir plongeant à obus explosibles, nous bordons toute la crête intérieure du rempart d'un parados en terre.

L'espace ménagé entre le parapet et le parados sera blindé en tout ou en partie, afin de compléter la couverture du matériel et des servants, à la fois contre les deux dernières espèces de tir.

Voyons le détail du dispositif du rempart.

La cote de l'ouvrage, prise sur la ligne du feu originelle, étant de 8 mètres pour une épaisseur du parapet de 6 mètres, et l'inclinaison de la plongée étant de 1/6, le pied du talus extérieur aboutit au terrain naturel et se confond avec la magistrale ou crête du revêtement d'escarpe. La base du talus extérieur du parapet a uniformément 7$^m$,00 de longueur, puisque la crête extérieure de la plongée est constamment à la cote + 7$^m$,00.

Au bastion et à la tour, nous formons un parapet de 8 mètres d'épaisseur ; ces parties étant les plus exposées à être détruites par le feu de l'ennemi. Les plongées étant tenues uniformément à 1/6 de pente, il en résulte que le relief des divers points de la ligne de feu croît avec l'épaisseur du parapet. Ainsi, aux bastions et sur la tour, il atteint la hauteur de 8 $^2/_5$. Le raccordement des plongées se fait, du reste, sans difficulté, aidé par les traverses de défilement qui sont placées de distance en distance.

Le tracé général du parapet étant déterminé, occupons-nous de l'artillerie.

Les pièces qui garniront les remparts tireront en barbette (lorsqu'elles doivent posséder un champ de tir très-étendu) ou par embrasures (lorsque leur champ de tir est plus limité).

Quelles qu'elles soient, elles demandent, nous l'avons dit, à être garanties contre le feu extérieur, contre lequel le parapet ne les protége pas suffisamment.

A cet effet, nous les plaçons sous un couvert, que nous nommons coupole s'il est construit en un saillant, et simplement blindage lorsqu'il occupe tout autre point.

**Coupole fixe.** — Un simple coup d'œil jeté sur la fig. 1 Pl. IX, fera comprendre la disposition que nous adoptons.

F. $\frac{1,6}{IX}$

Traçons d'abord le dispositif en un saillant.

Dans notre pensée, la coupole abrite d'ordinaire deux pièces.

La coupole que nous proposons est habituellement fixe, parce que nous voyons avantage à munir la pièce, et non son couvert, de la mobilité nécessaire.

La face de la coupole qui regarde la campagne est engendrée par la génératrice $\alpha\beta c$ (fig. 1), qui se meut parallèlement à elle-même sur les deux faces contigües du saillant (fig. 6). Elle est donc formée de deux portions de cylindre, qui se raccordent dans le voisinage de la bissectrice de l'angle, à l'aide d'une portion de surface conique (ou plus exactement torique) obtenue par le pivotement de la même génératrice $\alpha\beta c$ autour d'un axe vertical O, OO (fig. 6 et 1).

Des traverses TT, T'T', limitent et défilent la barbette, et servent en même temps d'appuis latéraux à sa coupole.

Enfin, la coupole est complétée par un toit $c\mathcal{D}ef$ qui repose sur les traverses déjà indiquées et qui se raccorde avec la face antérieure.

La batterie est ainsi totalement enveloppée.

L'angle du cône, au sommet, doit être le plus aplati possible, afin que la génératrice soit d'autant plus inclinée sur l'horizon et favorise le ricochet des projectiles ; mais l'aplatissement de l'angle au sommet est limité par cette considération que l'espace libre, $\beta c$ (fig. 1), entre le sommet du cône et la culasse de la pièce, dans la position la plus élevée que cette culasse puisse occuper, soit de $0^m,50$ environ afin que le chargeur et le pointeur pratiquent aisément leurs opérations. Cette distance de $0^m,50$ n'est pas strictement indispensable cependant, car il serait possible, pour pointer, d'adapter au canon une réglette latérale [1], placée parallèlement à l'axe ; dans les cas les plus ordinaires, où la pièce a une position plus voisine de l'horizontale,

---

(1) Cette pensée a, depuis, été proposée également par d'autres, et réalisée.

elle sera supérieure au demi-mètre ; elle ne descendra au minimum que lorsqu'il faudra atteindre au-dessous de la crête du glacis, ce qui, croyons-nous, *ne se présentera* jamais, bien que l'inclinaison de la plongée le permette.

Nous arrêtons donc l'inclinaison *maximum* de la pièce vers le bas à 1/6, équivalente à celle de la plongée. Dans cette position, la pièce battra efficacement les logements sur le glacis.

Le toit de la coupole, si on se borne à l'appuyer sur le talus de la plongée, pourrait aisément livrer passage aux projectiles. Pour éviter ce danger, la génératrice curviligne du cône est prolongée suivant $ag$ (fig. 2) dans le parapet, afin que son bord inférieur soit soustrait aux coups de l'extérieur ; le parapet est, lui-même, muni d'une armature correspondante, qui forme recouvrement et qui soutient les terres. Le tout est consolidé par une construction, partie en maçonnerie, partie en tôle de fer.

F. $\frac{2}{IX}$

Il importe de donner à la génératrice du cône l'inclinaison de 1/3 ou, au pis-aller, celle de 1/2. Nous ne prévoyons pas qu'il soit jamais possible de descendre au-dessous de 1/3. Dans ces conditions, la pièce, dont la longueur est de 3 mètres environ, sera portée en avant du centre simulé de rotation, O, c'est-à-dire de l'axe de la coupole, de telle sorte que sa bouche sorte de la coupole de la quantité exactement indispensable. L'échancrure dans la tôle pour le passage de la bouche du canon sera, il est vrai, assez grande, puisqu'elle correspond à la section oblique faite dans la pièce ; mais cet inconvénient, aisé à pallier, est moindre que celui d'offrir aux boulets une section plus petite, forcément plus normale à la direction des coups de feu, circonstance qui arriverait si l'on recourbait la tôle de la coupole vers le bas, perpendiculairement à l'axe du canon.

Ces préliminaires étant posés, voici la construction de notre coupole en un saillant dont l'angle serait droit.

Une pièce de 3ᵐ de longueur reposant librement sur un plan

F. $\frac{3, 4, 5}{IX}$

de plongée indéfini incliné au 1/6, occupera la position que montre la fig. 3.

Prenons que la bouche B déborde la coupole de 0ᵐ,25; la tranche emprise correspondra à la position P.

Par cette tranche faisons passer une droite PR incliné au 1/3, qui sera la génératrice théorique ou moyenne de la coupole. Il est aisé d'en déduire la génératrice effective qui se trouve dans le plan vertical de la pièce, en la dessinant de façon à satisfaire aux conditions de liberté et d'inclinaison indiqués plus haut (voir fig. 1), tout en évitant de trop s'écarter de la ligne PR.

Entre deux pièces, la génératrice effective et la génératrice moyenne différeront peu l'une de l'autre, et la continuité de surfaces dans des coupes verticales parallèles à la ligne de feu, s'obtiendra par le moyen d'un raccordement en gouttière, comme le fait voir la fig. 4-5.

L'espace en profondeur qu'une pièce, montée sur son châssis de plate-forme, absorbe sur le rempart, ne peut être inférieure à 5ᵐ,00, si l'on veut que la manœuvre soit aisée. Dans cette position, nous pouvons prendre pour l'axe imaginaire du cône de la coupole une verticale 0, 00 (fig. 6 et 1), placée à 0ᵐ,80 ou 1ᵐ,00 en arrière de la culasse de la pièce.

F. $\frac{4, 6, 8, 9}{IX}$ Une pièce en barbette n'a pas une direction fixe, immuable. Son champ de tir doit être le plus étendu. A étant le point où son axe traverse la coupole, il sera possible de donner à la pièce un champ de tir d'au moins 150ᵍ; il suffit, pour cela, que le châssis qui supporte l'affût ait son axe de rotation dans la verticale de la tranche emprise (¹). De la sorte, l'échancrure dans la tôle de la coupole peut être réduite au minimum. Il sera même possible de recouvrir cette échancrure, dans toutes les

(¹) Voir de même la note (¹) de la page 142.

positions de la pièce, par le moyen de deux demi-lunettes (fig. 8-9) mobiles autour d'un rivet fiché dans la coupole à 0^m,20 ou 0^m,30 au-dessus de l'échancrure.

Mais pour que le mouvement de rotation de la plate-forme porteur de son châssis ait toute son amplitude, il est nécessaire que la position de la tranche emprise corresponde exactement à la ligne de feu du parapet. Dans ce cas, le mouvement de mise en batterie de la pièce sera arrêté, non plus par l'épaulement lui-même, contre lequel viendraient butter les roues ou rouleaux de l'affût, mais par des taquets *t* que portera le châssis.

De ce qui précède nous tirons cette conséquence que, au saillant d'un bastion droit dont chaque face est armée d'une pièce, chacune de ces pièces aura son axe placé à 7^m,00 du point de rencontre X des lignes de feu contigües prolongées, portera son feu sur la capitale, et agira même, par dessus la caponnière, sur le glacis de l'autre demi-front.

En prolongeant les lignes de tir extrêmes à l'intérieur de la batterie, nous reconnaissons en outre que, dans leur déplacement, les culasses ne sortiront pas de la région où les servants ont encore, sous la voûte de la coupole, l'aisance de 0^m,50 désirable pour la facilité de la manœuvre.

La longueur totale de ligne de feu absorbée par chaque pièce, tant à droite qu'à gauche du saillant intérieur, correspond donc à une longueur de 13 mètres et *la batterie de bastion* forme un carré de 13 mètres de côté.

Notre disposition donne un feu très-efficace en capitale.

La couverture des pièces sera très-résistante sans employer une masse excessive de tôle. Il nous paraît que des tôles de 0^m,12 au point où la bouche traverse la coupole, c'est-à-dire de α en β; de 0^m,07 pour la seconde partie antérieure, βc, de la génératrice; et de 0^m,05 pour le toit cⅅ, suffiront dans toutes les circonstances.

F. $\frac{6.7}{IX}$ Le sommet du cône étant O (fig. 6), et la partie antérieure des faces de la coupole se limitant, en M et N, aux traverses T', T, nous ferons reposer la couverture sur des longerons, dont le plus important est disposé selon la bissectrice OY, qui forme l'arête curviligne des deux parties du toit. Les autres le sont de façon que le mouvement de rotation de la plate-forme ne soit pas gêné par les piliers, ou colonnes creuses, qui supportent ces longerons (fig. 7).

Le mouvement horizontal de la pièce suffit à obtenir toutes les directions, mais non pas toutes les portées. En faisant reposer la pièce sur le plan de la plongée, nous lui avons donné l'inclinaison maximum au-dessous de l'horizon, celle qui permet de contre-battre avec efficacité le logement sur la crête du glacis. Cette inclinaison de 1/6, qui est celle de la génératrice inférieure du canon, répond à une inclinaison légèrement plus forte pour l'axe, que l'on peut estimer être tout au moins de 12 à 15$^g$.

Communément, l'inclinaison de 1/12 suffira à battre tous les points du glacis. Dans la position correspondante de la culasse, la liberté ménagée pour le service de la pièce entre la culasse et la voûte de la coupole, liberté qui est originairement de 0$^m$,50, est augmentée proportionnellement à l'adoucissement de l'inclinaison.

Pour atteindre au-delà du glacis, dans la campagne, il faut naturellement relever la ligne de mire en abaissant la culasse. Cette manœuvre se fait aisément à l'aide de la vis de pointage, pour de petites distances. Mais lorsqu'il s'agit d'obtenir des portées plus grandes, il est nécessaire d'adopter une disposition spéciale.

L'élévation par la vis de pointage, la pièce tournant autour de ses tourillons, procure, il est vrai, des angles de 0° à 18°, et même de 25°; mais, en même temps, la section emprise dans la coupole décrit un arc très-étendu dont le sinus est de 0$^m$,65 environ, pour une longueur antérieure de la pièce de 1$^m$,50. Or ce sinus représente, dans le sens vertical, une liberté d'échancrure de la coupole telle, qu'elle constituerait un grave danger et équivaudrait à la suppression du couvert que l'on demande à la coupole.

Le total de l'amplitude du mouvement angulaire utile correspond à 25°; toutefois, on peut aller jusqu'à 30°, s'il y a nécessité. Pour éviter l'inconvénient signalé, prenons pour point de rotation de la pièce, dans son mouvement d'élévation, le centre même de la section emprise, qui est déjà le point de rotation dans le mouvement horizontal. Ce point devient ainsi le centre de rotation [1] unique pour les mouvements horizontaux et verticaux.

Pour obtenir la rotation verticale sans augmenter la dimension de l'échancrure, le moyen est un peu moins simple que dans le cas d'une rotation horizontale.

Convenons de limiter l'amplitude à donner par le vis de pointage à 5$^g$, dont le sinus, multiplié par le rayon 1$^m$,50, est de 0$^m$,12. Lorsqu'il s'agira d'obtenir un angle d'élévation supérieur, nous abaisserons tout le système du canon, de l'affût et du châssis, d'une quantité proportionnelle convenable [2].

Le moyen d'y parvenir serait l'application, à tout le support de la pièce, du mouvement dont les tabourets de piano sont l'exemple le plus facile à saisir. Mais, dans la pratique, on peut arriver au même résultat à l'aide d'une petite pompe hydraulique [3], dont l'acquisition et la mise en place, ainsi que les

---

(1) Voir de même la note (1) de la page 142.

(2) On pourrait, il est vrai, adopter un affût muni d'un système articulé de logement des tourillons susceptible de s'élever ou de s'abaisser à volonté ; mais nous croyons préférable de donner cette faculté à tout l'affût, en le faisant reposer sur un bâtis intérieur au châssis même, lequel est doté de la rotation horizontale.

(3) L'électricité semble avoir aujourd'hui résolu le plus simplement ce problème.

10

articulations secondaires, seraient, sans doute, moins onéreuses et moins sujettes à détérioration. La manœuvre même serait plus simple. Il suffirait de graduer l'échelle ascensionnelle de l'arbre directeur du mouvement, pour apprécier exactement le niveau de l'élévation obtenue.

F. $\frac{12, 13}{IX}$ Ainsi, s'il s'agit de produire un angle de 18ᵍ, qui correspond à une élévation de la tranche emprise de 0ᵐ,43 environ (¹), le bâtis mobile de la plate-forme sera abaissé de 3 fois 12 centim., ou de 3 divisions de l'échelle, hauteur qui correspond à 15ᵍ ; il restera à produire, par le moyen de la vis de pointage et des tourillons, une rotation supplémentaire de 3ᵍ pour que l'angle désiré soit atteint. Pour cette opération, il est toujours plus commode de sortir la pièce de batterie ; on la rentre ensuite.

Notre méthode consiste donc à ménager une série de paliers successifs, fixes et déterminés, de 5ᵍ en 5ᵍ, à l'aide de la pompe hydraulique. Les appoints d'angles sont donnés par la vis de pointage.

On voit que ce procédé est pratique, puisque, pour l'artillerie en batterie sur des remparts, il n'arrivera jamais que l'on doive faire varier notablement, et dans des instants très-rapprochés, l'inclinaison de la pièce ; le jeu de 5ᵍ conservé à la vis de pointage suffira pour de longues heures, peut-être même pour plusieurs journées. Il n'est pas à prévoir que l'on soit amené à augmenter le nombre de servants de la pièce pour la manœuvre d'élévation.

F. $\frac{8, 9}{IX}$ Le moyen indiqué permet de réduire l'échancrure de la tôle au minimum, et encore sera-t-il toujours possible, à l'aide des demi-lunettes dont nous avons déjà fait mention (fig. 8-9), d'obtenir l'obturation presque complète du jour qui pourrait encore subsister.

---

(1) Pour une longueur antérieure de la pièce, de 1ᵐ,50, supposée plus haut.

Les deux mouvements à donner à la pièce nécessitent une précaution dont il est inutile, croyons-nous, de tracer le dessin, c'est que le segment du parapet correspondant à la partie antérieure du châssis et de l'affût soit moulé de façon à faciliter la rotation horizontale dans toute son amplitude, et l'élévation de la pièce, dans quelque direction que l'on veuille tirer. Ce sont des détails de contre-maître, qui n'offrent pas de difficulté.

Nous désignerons sous le nom de *socle* l'ensemble des plates-formes et des châssis qui supportent la pièce et en assurent le service.

**Demi-coupole mobile.** — La disposition précédente concerne un placement d'artillerie sur les faces du bastion, mais nullement au saillant même. Pourtant il peut arriver qu'il y ait des raisons de placer une pièce en capitale même de ce saillant. Dans ce cas, l'emploi d'une coupole fixe ne permet pas de donner au mouvement horizontal de la pièce, toute l'amplitude souhaitable pour contre-battre l'angle de terrain compris entre le prolongement des deux faces. Cette difficulté est d'autant plus grande que l'angle est plus aigu. Force est, alors, d'adopter une demi-coupole mobile, comme il va être décrit.

Soit, par exemple, un saillant dont l'angle serait réduit à 70ᵍ environ. La position médiane que notre pièce occupera, correspondant avec la bissectrice de l'angle, il deviendrait difficile, en adoptant le socle que nous avons décrit, de donner à la pièce un champ de tir d'une amplitude approchant de 90° ou même de 70°, à cause de l'abaissement du toit de la coupole. Dans une telle occurrence, nous rendrons mobile la partie de la coupole qui regarde l'extérieur, en la raccordant avec la partie postérieure. Le « *vent* » qui, dans une semblable disposition, existe entre la génératrice de la partie mobile et celle de la partie fixe,

F. $\frac{11}{IX}$

nous paraît être trop peu de chose pour qu'il y ait à craindre un effet sérieux du choc de projectiles frappant notre armature précisément sur cet interstice. Il faudrait un concours extraordinaire de circonstances pour qu'un projectile vînt frapper, par sa pointe, le joint *m*, précisément seul point où la dépression d'une partie de la tôle sur l'autre équivaudrait à la soudure des deux parties, en provoquant une adhérence irrémédiable. Nous ne tiendrons pas compte de cette éventualité, tout en reconnaissant pourtant qu'elle peut se produire.

La partie fixe et la partie mobile auront ainsi une génératrice commune.

Le supplément d'amplitude à donner au champ de tir, de chaque côté de la bissectrice, sera, ordinairement, moindre que 1/2 angle droit; il suffira, pour la couverture complète de la batterie, qu'un segment de 45° de la demi-coupole déborde dans la batterie, de chaque côté, en dedans de la partie fixe, afin de procurer le recouvrement lorsque la pièce a été déplacée d'une même quantité dans l'un ou dans l'autre sens.

Dans le dispositif envisagé ici, l'espace réservé à la batterie peut être notablement réduit; les traverses qui la défilent sur chaque aile seront placées plus près du sommet de l'angle, et la partie fixe de la coupole sera limitée aux strictes dimensions qu'indique la figure 11.

La demi-coupole mobile est, de nécessité, solidaire de la plate-forme inférieure; son axe passe par le centre de la plate-forme, et elle entraîne le socle de la pièce dans son mouvement de rotation. Cette disposition nécessite l'emploi d'un contre-poids sur la partie arrière de la plate-forme.

**Blindages pour pièces à embrasure.** — En certains points des faces de notre ouvrage, il sera convenable de placer des pièces dont l'action est plus limitée. Ce serait ici le cas de faire usage des embrasures.

Il est inutile de rappeler que, avec l'artillerie nouvelle, les embrasures sont des entonnoirs qui facilitent l'exécution du tir à démolir. Les embrasures proprement dites, avec leurs règles compliquées de tracé, sont devenues impossibles. Toutefois l'emploi de découpures dans le parapet, qui ont pour effet d'abaisser la ligne de tir et de contribuer au défilement des pièces dans le sens latéral, offre des avantages que l'on ne peut méconnaître.

En général, l'amplitude de mouvement des pièces à embrasure ne dépasse pas 60°. En considérant notre figure 10, nous voyons qu'une pièce en barbette, dont la rotation serait limitée à cet angle, n'absorbera que $4^m$ longueur sur la ligne de feu. Prenons $5^m$ en moyenne, au lieu de $6^m$ qui est le chiffre traditionnel lorsque l'on n'est pas arrêté par un espace trop strictement mesuré ; nous nous réservons ainsi le moyen de placer, au besoin, sur la banquette, une artillerie plus nombreuse.

$F. \frac{10}{IX}$

D'après notre remarque ci-dessus, une pièce tirant à embrasure sera renfermée entre deux traverses qui laisseront entre leurs pieds 5 mètres d'intervalle. Pour deux pièces, pour trois pièces, etc., réunies en une batterie unique, nous séparerions nos traverses de 10, de $15^m$, etc.

Les blindages de nos pièces dites à embrasure seront de véritables morceaux, V W, de la coupole décrite plus haut ; c'est-à-dire que, dans la réalité, les pièces tireront à barbette avec champ de tir limité à 60°. En arrière, le blindage s'appuiera au parados.

Il est sans objet de répéter ici les développements dans lesquels nous sommes entré à l'égard de la construction de cette armature. Les pièces seront, du reste, placées sur des socles semblables à ceux dont nous nous servons dans les coupoles et

qui permettent de donner le champ de tir et l'amplitude convenables.

Nous supposons toujours ici que la pièce et son affût ont
environ 3ᵐ, et pièce, affût et châssis 5ᵐ de longueur.

L'amplitude restreinte du mouvement horizontal laissant entre
le devant des flasques de l'affût et le talus intérieur du parapet,
dans la position de la plus grande élongation, un intervalle *nn*
que l'on ne peut utiliser à aucun usage, il sera peut-être opportun
de porter en avant, de 0ᵐ,70 à 0ᵐ,80, tout le système de la pièce.
L'entaille correspondante faite dans le parapet — qui est trop
peu de chose du reste, en regard de l'épaisseur, pour en compromettre la résistance — dégagera l'espace réservé pour la
circulation en arrière de la batterie, le long du parados.

Parfois, il pourra être intéressant d'abaisser la genouillère de
la pseudo-embrasure. Dans ce cas, il est une limite au-dessous
de laquelle il y aurait inconvénient de descendre ; c'est celle de
0ᵐ,50, 1ᵐ,00 tout au plus, au-dessous de la ligne de feu naturelle.
La raison en est qu'il importe de ne pas prononcer fortement
l'entonnoir que forme l'embrasure, circonstance dont l'ennemi
ne manquerait pas de profiter dans le tir. La profondeur indiquée ci-dessus correspond à la hauteur dont notre blindage
dépasse la ligne de feu. Le raccordement du fond de l'embrasure
avec la plongée générale, et de celle-ci avec le sommet des traverses voisines, se fera en forme de gouttière largement évasée,
sans l'emploi de joues.

Nous ne croyons pas que l'on se trouve dans l'obligation de
faire usage d'embrasures notablement plus profondes, lesquelles
seraient entachées des graves inconvénients signalés.

Pour garantir les servants des balles perdues ou des éclats
d'obus passant éventuellement par le vent de l'échancrure, il
pourrait convenir, concurremment avec les demi-lunettes extérieures, de faire porter par la pièce une plaque-écran, mobile

avec elle. Cet écran serait percé d'une rainure verticale destinée à ne pas gêner le pointage. En le lestant vers le bas, il prendrait presque de lui-même, dans tous les mouvements de la pièce, la position verticale, ce que, au besoin, la main achèverait.

D'après les développements précédents, nous savons que, au saillant, la batterie barbette de deux pièces occupera 13 mètres de front sur 13 mètres de profondeur, mesurés sur la ligne de feu d'origine. Lorsque la batterie n'est que d'une pièce, l'étendue totale sera de 6 sur 6 mètres.

Les pièces placées sur les faces occuperont, au contraire, en largeur, de 4 à 5 mètres, selon l'amplitude du champ de tir; en profondeur, de 4 à 5 mètres également, à partir de la ligne de feu du parapet jusqu'au pied du parados, selon l'échantillon du châssis porte-affût et en comprenant, dans ce chiffre, la largeur de la voie de circulation en arrière de la batterie.

---

### Dispositifs pour mousqueterie.

#### 1° *Dispositif permanent.*

En général, avec la puissance de l'artillerie actuelle (pièces rayées, mitrailleuses), il est certain que l'on se montrera sobre dans l'emploi de fusiliers sur les remparts, le canon produisant meilleur et plus sûr effet; de sorte que, même pendant une action un peu chaude, les remparts proprement dits ne seront guère occupés. Il ne sera donc pas nécessaire de créer partout, pour les fusiliers, des dispositions couvrantes permanentes, qui seront toujours exposées à être détruites de loin par l'artillerie, à moins qu'on ne leur donne, sans très-grande nécessité, des dimensions coûteuses. Toutefois, il est bon de prévoir le cas où les banquettes devront être occupées, et voici, dans ce cas, ce que nous proposerions.

Il n'est pas hors de propos de faire remarquer que l'emploi de fusils se chargeant par la culasse rend pratique une disposition qui ne serait pas d'un emploi très-commode avec des fusils se chargeant à l'aide de la baguette.

La profondeur de la banquette sous la ligne de feu est, fatalement, de $1^m,30$. Il y aura donc habituellement à couvrir, du corps de l'homme, une hauteur de 50 centimètres, y compris la coiffure, dont on peut, au besoin, réduire la hauteur, car un shako de haut modèle ne protége pas mieux que le bonnet ou képi.

Le fusil mesure une longueur qui varie de $1^m,30$ à $1^m,40$. Lorsque le fusil repose sur la plongée, l'homme épaulant, une longueur du fusil, que l'on peut estimer à $0^m,75$ à peine, appuie sur le parapet.

Or dans ces conditions, et l'homme devant absolument épauler tandis qu'il soutient le fusil de la main gauche pour viser, il y a de très-grandes difficultés à vaincre pour couvrir le tireur. L'on n'a pas ici une faculté aussi complète que pour l'artillerie, d'adopter une toiture surbaissée. En effet, pour charger et pointer une pièce d'artillerie, il n'est pas besoin que la tête de l'homme dépasse notablement la hauteur de la culasse; d'autre part, la longueur du canon étant de $2^m,00$ en moyenne, il s'en suit que la voûte couvrante peut, au besoin, n'avoir qu'une inclinaison de $\frac{0,50}{2,00}$, soit 1/4, ou même de $\frac{0,30}{1,80}$; tandis que, pour un fusilier, l'inclinaison du dispositif couvrant sera de $\frac{0,50}{0,75}$ au moins, soit 2 de hauteur pour 3 de base.

F. $\frac{17}{IX}$ Dans cet état de choses, nous ne voyons pas de procédé plus pratique que celui qui consiste à surmonter les parties du parapet — où des dispositions fixes pour la mousqueterie doivent être établies — de *prismes triangulaires* creux en fer dont la section est donnée par le profil figure 17; pour résister au boulet, la face extérieure de ce prisme aurait une épaisseur de 0ᵐ,10 à 0ᵐ,12 et serait continue. Le côté qui repose sur le parapet serait également continu, afin d'assurer la stabilité de cet appendice. Quant au côté intérieur, il serait évidé, ne présentant, de mètre en mètre, qu'un simple boutant.

Le poids de cette armature, si on lui donne une portée convenable, telle que 8 à 10 mètres par exemple, suffit déjà, peut-être, à éviter qu'elle ne soit renversée aisément par le choc des boulets. En vue de confirmer sa stabilité, nous en allongeons la base vers l'extérieur, et des haubans rigides, disposés à des intervalles de 2 en 2 mètres ainsi qu'aux extrémités de chaque portée, la relient à une traverse longitudinale en fonte placée à l'intérieur du massif.

Pour le passage du bout du canon, des meurtrières ou créneaux sont percées dans la partie antérieure du prisme, de 0ᵐ,50 en 0ᵐ,50 par exemple.

$$F.\frac{18}{IX}$$

Enfin le talus intérieur du parapet est raidi et revêtu en maçonnerie, afin de rapprocher de la ligne de feu le corps de l'homme.

Un coup de feu tiré à petite distance, qui atteindrait cette armature, laquelle se présente sous un angle très-relevé, exposerait à des désastres irrémédiables. Afin d'y obvier dans une mesure aussi satisfaisante que possible, voici les modifications que nous proposons de faire subir à notre prisme dans sa confection primitive. La *plaque-couvrante* est fabriquée à part; on la munit d'*œils* en fer à la partie inférieure de sa face interne. Un *arbre* général traverse tous ces œils, réunissant au besoin deux ou trois plaques-couvrantes successives. Dans sa position sur le rempart, cet arbre, les œils et le bord inférieur de la plaque sont enterrés dans le parapet.

$$F.\frac{19, 20, 21, 22}{IX}$$

L'arbre, duquel dépend la stabilité de l'armature, est tenu en place à l'aide de *haubans*, qui s'amarrent sur un *corps-mort* noyé dans le parapet. D'autre part, les boutants de la plaque-couvrante sont remplacés par des *buttoirs* à ressorts, semblables à ceux que portent les voitures de chemins de fer.

Le corps-mort dont il s'agit ici tient lieu de la base du prisme originel (fig. 17). Il se compose d'une caisse en fer, de 0$^m$,80 base sur 0$^m$,30 hauteur, dont les parois verticales sont reliées l'une à l'autre à l'aide de *tirants* qui s'opposent à la déformation. Cette caisse est remplie de gueuses de fonte commune, de forme quadrangulaire.

Pour que, par son poids, le corps-mort ne fasse pas ébouler le parapet à l'intérieur, il repose, de 2$^m$ en 2$^m$, sur des pilots en fonte chassés jusque dans le terre-plain du rempart, et arc-boutés latéralement et perpendiculairement au parapet, au moins de 10$^m$ en 10$^m$. Ces pilots ont *tête avec clavette et embase*, afin de s'assembler avec la caisse du corps-mort et, ainsi, être rendus solidaires avec lui.

Les haubans viennent se fixer sur le fond de la caisse avant qu'elle ne soit chargée de ses gueuses. Quant aux buttoirs, ils reposent sur le chargement de gueuses et sont en contact avec les *contre-buttoirs* dont la plaque-couvrante est munie.

Le poids du corps-mort est de environ 1 $^1/_2$ tonne par 1 mètre courant.

On comprend le mécanisme de cette disposition, qui donne à la plaque-couvrante une élasticité plus grande et la rend mieux susceptible de résister au choc des boulets.

On voit que la plaque est le plus exposée quand le boulet vient la frapper dans la partie comprise entre l'arbre et le buttoir, puisque c'est alors que le ressort agit le moins. Afin de diminuer, dans une certaine mesure, la chance que ce cas survienne, nous relevons la plongée entre les meurtrières, ainsi que le montrent les figures 19, 20, 21 et 22, pour faire une succession de faux merlons.

Communément, le talus de banquette sera remplacé par des gradins, afin de racheter la différence de niveau avec le chemin de circulation en arrière, dont la largeur peut être réduite à $0^m,90$. Ainsi, sur les parties du parapet disposées pour la mousqueterie, nous n'aurons entre la ligne de feu et le pied du parados qu'une distance de $2^m,00$ à $2^m,50$, ce qui paraît suffisant.

Dans cet état de choses, et s'il y avait nécessité, la disposition défensive peut être complétée par un blindage s'appuyant, d'un côté sur le prisme de plongée, et de l'autre sur la crête du parados. Quelques montants, fichés de distance en distance contre le talus intérieur du parapet, achèveraient de procurer à cette toiture le soutien nécessaire.

Modifié comme nous venons de le voir, le prisme de plongée n'a plus, à proprement parler, de base. La plaque-couvrante qui forme sa face antérieure devant, par sa crête supérieure, atteindre la cote $1^m,80$ au-dessus de la banquette, tandis que son pied pénètre dans le massif même de la plongée, la plaque-couvrante, disons-nous, aura $1^m,30$ de longueur environ, en tenant compte de la déclivité de la plongée.

Il ne nous paraît même pas nécessaire à la fixité de l'appareil, que le corps-mort règne sous toute l'étendue d'un dispositif pour mousqueterie qui aurait une longueur importante, telle qu'une vingtaine de mètres par exemple. Ce serait, en effet, une masse énorme qui, peut-être, pourrait exercer en quelque point une pesée inquiétante. D'autre part ce serait un excès de métal immobilisé dans un enfouissement et dont il aurait pu être fait un usage plus productif, là même, ou ailleurs. Nous imaginons qu'il suffirait de disposer, de distance en distance (de 6 en $6^m$, par exemple), des sections de corps-mort de $2^m$ longueur, dont la fonction serait de retenir, solidement fixée, une simple tra-

F. $\frac{23}{IX}$

verse destinée à porter elle-même les points d'amarrage des
divers haubans.

Dans la mise en place de la plaque-couvrante, on observera
que les créneaux dont elle est percée soient à environ 0ᵐ,70 de
la ligne de feu. Sa crête supérieure surplombant de environ
0,30 au-dessus de la banquette, l'inclinaison qu'elle offre est
de 0ᵐ,70 hauteur pour 1ᵐ,00 base, mesures prises à partir de
la charnière générale. Ces dispositions paraissent les meilleures
pour que l'homme ne soit pas gêné dans ses mouvements, lorsqu'il tient son arme, épaule et fait feu.

### 2° Dispositif volant (¹).

F. $\frac{24 \text{ et } 25}{IX}$

Dans les parties où, à tout prendre, l'intérêt de la défense
n'exige pas absolument de dispositifs de mousqueterie perma-
nents, mais où des tireurs pourraient utilement être postés, à
l'occasion, voici ce que nous recommanderions :

Des *plaques mobiles* P, en fer ou acier, de 0ᵐ,005 à 0ᵐ,006
d'épaisseur, seraient dressées sur le parapet au moment du tir.
Des meurtrières, *m*, y seraient percées. Ces plaques ont 1ᵐ,20
de longueur horizontale totale, afin de couvrir, au besoin, deux
tireurs. Leur largeur totale serait de 0ᵐ,90 à 1ᵐ,00 (voir fig. 24),
afin que la crête C atteigne la cote 1ᵐ,80. Elles seraient munies
de deux *œillets* O qui leur permettent de glisser le long de

---

(1) Le *Bulletin de la réunion* du 30 décembre 1876 a proposé un masque pour
mousqueterie imaginé par un officier français. Cet engin, fort ingénieux, devait
être à usage de la rase campagne.

Le *Tageblatt* de fin février (ou commencement de mars) 1883 a produit, à son
tour, une proposition analogue qui, pensons-nous, émanait d'un officier danois.

Notre masque à nous n'a en vue que l'emploi sur les remparts. Il est, du reste,
antérieur aux propositions prérappelées (il est de 1871 à 1873), et c'est simplement ce que nous voulons établir pour échapper à une accusation d'imitation.

*montants-supports*, M, placés contre le talus intérieur. Ces montants, dont la tête en forme de T est parallèle à la ligne de feu, dépassent cette ligne de feu de 0ᵐ,40 environ ; ils sont munis d'une *charnière* g, avec goupille mobile g′, disposée à 1ᵐ,00 de hauteur au-dessus de la banquette, afin de pouvoir être repliés au besoin contre le talus intérieur du parapet lorsqu'on retire la goupille g′.

Les œillets de la plaque divisent cette pièce en deux parties inégales, l'une de 0ᵐ,60 à 0ᵐ,70, l'autre de 0ᵐ,30. Une *tringle* V, accrochée dans un œillet en *spirale* S, et piquée dans le talus de de la banquette par sa pointe inférieure, maintiendrait la plaque en position et en faciliterait la manœuvre de mise en place.

La plaque est aisée à dresser par un seul homme. Au besoin, les deux tireurs voisins contribuent à l'opération. On voit, du reste, en quoi elle consiste.

Ce système ne convient que contre des tirailleurs qui profiteraient des couverts existant dans le voisinage du glacis, et il ne résisterait pas à l'artillerie.

D'ordinaire, la plaque est rabattue contre le talus intérieur. Pour la mettre en position, on redresse la partie mobile des tringles, que l'on assujétit à l'aide de la goupille; on soulève ensuite la plaque, en faisant glisser jusqu'au haut des tringles; par un simple mouvement de bascule en avant, elle se met en place; la tringle-boutant, qui reste toujours accrochée, est saisie et piquée dans la banquette.

Veut-on retirer la plaque lorsqu'elle est exposée à être atteinte par l'artillerie, on pèse sur la tringle-boutant, la plaque se redresse, faisant bascule en arrière sur les têtes des deux montants, et redescend d'elle-même le long du talus intérieur. On replie ensuite le montant.

Une plaque de 6 millimètres en fer aciéré ne se laissera percer par aucune balle de fusil partant du sommet de la contre-escarpe, d'autant plus que son inclinaison est de $\frac{0,50 \text{ hauteur}}{0,75 \text{ base}}$. C'est donc un poids de 40 kilogr. environ, par mètre courant, que, au besoin, un homme seul peut manier aisément.

---

### Flanquement. — Mâchecoulis.

Nous n'avons pas encore parlé de la disposition spéciale *que nous appliquons au parapet dans le voisinage de la tour* et à laquelle nous donnons le nom de *Mâchecoulis* [1]. Voici quel en est l'objet.

Il est intéressant, bien que, peut-être, ce ne soit pas indispensable, de posséder quelques feux sur le dos de la carapace de la caponnière, feux que la ligne de feu du parapet, par son haut relief, ne procure pas avec certitude.

Pour arrêter le dispositif capable de nous faire obtenir les feux souhaités, faisons diverses coupes. La première (voir d'abord fig. 1, Pl. VI) sera, par exemple, MM, passant par l'extrémité de la tête de la tour et par la naissance de la dorsale de la caponnière près de la gorge. Nous prolongeons ce plan, d'un côté à travers le parapet de la face, de l'autre jusqu'au lieu du logement des batteries ennemies derrière la crête du glacis.

Dans cette coupe MM (voir maintenant fig. 1, Pl. VII), nous menons une parallèle $a\,a$ à la plongée, tangente à la surface de la caponnière. Il est clair que cette ligne se trouvera dans le plan de tir efficace que nous cherchons.

F. $\frac{1}{VI}$, $\frac{1.2}{VII}$

---

(1) Le terme est impropre ; mais nous n'en avons point trouvé de meilleur dans les vocabulaires, soit techniques, soit militaires. D'autre part, nous n'étions pas à même d'en créer un de toutes pièces, qui eût été suffisamment acceptable. Du reste, la très-lointaine ressemblance du dispositif proposé avec le dispositif des anciens, « le mâchecoulis », nous fera obtenir l'indulgence.

Afin d'en obtenir une autre, nous faisons passer un deuxième plan de coupe analogue NN (de nouveau fig. 1, Pl. VI). Nous le choisissons parallèle à la trace de la caponnière sur le plan horizontal et le faisons passer par l'extrémité du flanc de la tour. Cette coupe nous donne la fig. 2, Pl. VII, que nous traitons de même que la précédente en construisant une tangente, *ƒ ƒ*, à la caponnière, parallèle à la plongée et qui, de même que la première déterminée ci-dessus, est une droite du plan de tir propre à assurer le flanquement désiré.

Le plan (¹) de plongée spécial est donc trouvé, et l'on voit que sa rencontre avec le talus intérieur du parapet est une ligne de feu dont la cote est de 3 mètres environ inférieure à celle de la ligne de feu générale de l'ouvrage.

Si, entre les deux plans de coupe MM et NN, on abaissait le parapet jusqu'au niveau du plan de plongée spécial, on créerait une gouttière longue et dangereuse que les projectiles de l'ennemi auraient bientôt bouleversée.

Pour éviter cet inconvénient, nous n'éviderons pas le parapet, mais nous construirons une embrasure-tunnel.

Remarquons avant tout (fig. 1, Pl. VI) que l'ouverture de l'embrasure vers le talus intérieur a une longueur très-grande. Elle est communément de 8$^m$,00 au minimum; mais peut avoir 10$^m$, 12$^m$ et même plus, tandis que l'ouverture dans le talus extérieur restera très-petite et ne dépassera guère 2$^m$,00 longueur. Remarquons, en outre, que, puisque nous sommes résolu à construire une embrasure-tunnel. il n'y aura pas d'inconvénient à donner au fond de l'embrasure une inclinaison légèrement plus forte que le 1/6, qui est l'inclinaison de construction.

Ceci dit, voici le détail de l'embrasure :

F. $\frac{1}{VI}$

---

(1) A la très-grande rigueur, géométriquement parlant, c'est une surface gauche; mais elle diffère peu d'une surface plane.

F. $\frac{1}{VII}$

Nous donnons d'abord à l'ouverture antérieure, une hauteur de 1ᵐ,00, mi-partie au-dessus, mi-partie au-dessous de la tangente α α (fig. 1, Pl. VII).

Ensuite, du logement A, des batteries ennemies sur la contre-escarpe, nous traçons le coup de feu ff, le plus élevé qu'il soit possible de tirer dans cette embrasure. Dans notre figure, avec les fossés étroits et les hauts glacis que nous recommandons, le coup de feu est horizontal; mais ce n'est qu'une coïncidence fortuite.

F. $\frac{3}{VII}$

D'après ces données, et fixant à 0ᵐ,70 la hauteur de l'ouverture de l'embrasure-tunnel dans le talus intérieur, nous construirons cette embrasure en appliquant les règles que nous avons décrites plus haut, à l'occasion d'autres embrasures de même genre, c'est-à-dire avec palier, fossé à cunette tenant lieu d'avant-cour, contre-plaque et ressaut.

F. $\frac{12, 13}{VII}$

Il n'aura pas échappé, sans doute, que la ligne de feu de notre embrasure-tunnel se trouve presque de niveau avec le terre-plein du rempart. Il y a donc nécessité de creuser ce terre-plein de 1ᵐ,30, afin que l'homme se tienne debout pour tirer. On peut même déblayer de 1ᵐ,50, sauf à faire une banquette de 0ᵐ,20 de ressaut.

F. $\frac{4, 5, 6, 7, 8}{VII}$

Si, de plus, nous voûtons cette cave à fusiliers, nous obtenons, en retirant (¹) en arrière, de 2ᵐ,00 environ, la ligne de feu générale de l'ouvrage, une disposition étagée propre à recevoir, à volonté, de la mousqueterie ou de l'artillerie sous blindage.

Les figures mentionnées ci-contre achèvent de dessiner le détail de l'embrasure-tunnel de façon à la soustraire au feu de

---

(1) D'où nous est venue, un moment, la pensée d'appeler *Retirade* la partie de la face qui renferme la double disposition, superposée ou étagée, que nous venons d'exposer. En français c'était parfait; mais en allemand cela n'allait plus du tout.

la contre-escarpe, lequel, du reste, dans la réalité, est moins à craindre qu'on ne supposerait à première vue, puisque la crête du glacis est battue énergiquement par les pièces des batteries hautes de toute la face. Le tunnel du mâchecoulis n'est donc pas exposé plus tôt ou plus sérieusement que les autres dispositifs de la défense. Pour en mieux garantir les joues, qui sont la partie la plus susceptible d'une destruction prématurée, nous prolongeons le toit, vers le fossé, par une sorte de bouclier, dont l'expansion dans le plan du talus extérieur du parapet, à droite et à gauche de l'orifice du tunnel, est représentée (fig. 4, 5, 8) par un rectangle qui en fixe approximativement l'étendue. Cette portion de cuirasse, que nous nommerons *plastron*, aurait de 0<sup>m</sup>,10 à 0<sup>m</sup>,11 d'épaisseur. Nous n'en traçons pas la forme précise, non plus que les organes de consolidation, aucune difficulté n'existant à cet égard. Le plastron contribue donc essentiellement à l'intégrité du parapet en ce lieu, en combinaison, mais sous un autre point de vue, avec les *arceaux de sûreté* qui seront décrits dans nos « *Dispositions diverses* ».

La chambre inférieure du dispositif, ou cave à fusiliers, est munie de cheminées d'aérage disposées le plus convenablement possible, soit dans le talus intérieur de la chambre supérieure, soit même dans le parados.

Notre petite casemate peut recevoir trois, au besoin dix fusiliers, qui suffiront à déjouer toute tentative dont le dos de la caponnière pourrait être l'objet de la part de l'ennemi, dans une attaque de vive force ou dans une surprise; — ou une mitrailleuse de second échantillon, de la nature de l'arme dont il sera question ci-après sous le titre « *Armement* ».

Enfin, une précaution utile consisterait à assurer la communication du mâchecoulis avec les autres parties de la défense; mais il en sera parlé plus loin, en même temps que nous

11

mentionnerons le réseau des poternes qui sillonnent le rempart à travers le parados.

———

Pour résumer et compléter ce que nous avons dit sur l'organisation défensive de nos parapets, reprenons les coupes géométriques, faites dans les diverses parties de l'ouvrage. Leur mise en regard démontre que les commandements et les couverts satisfont aux conditions d'une bonne défense. Soient ainsi :

AA, Fig. 9, Pl. VI. — Coupe en travers de la face de l'ouvrage, près du saillant ;

CC, Fig. 10, Pl. VI. — Coupe selon la capitale du front ;

TT, Fig. 1, Pl. VIII. — Coupe transversale à la caponnière (flanquement du fossé-capital) ;

BB, Fig. 11, Pl. VI. — Coupe par la casemate-flanc de l'ouvrage (flanquement de la caponnière) ;

VV, Fig. 5, Pl. VIII. — Coupe par le flanc de la tour ;

MM, NN, Fig. 1 et 2, Pl. VII. — Coupes par le mâchecoulis et la caponnière.

## D. — Logements, magasins, communications avec l'extérieur

ET

### entre les diverses parties de la forteresse.

———

Dans un fort isolé où tant de précautions ont été prises pour en assurer l'intégrité et pour mettre toutes les forces défensives hors d'atteinte des coups du sort, il est naturel qu'il soit ménagé des abris voûtés pour la conservation de la vie des hommes, ainsi que des approvisionnements destinés à pourvoir à tous leurs besoins et des munitions nécessaires à l'exercice de la défense.

Les logements seront construits en capitale du front, une partie étant enterrée dans le rempart, l'autre partie empiétant, comme nous l'avons vu, sur le terre-plain intérieur.

Quant aux magasins, ils seront placés sous le terre-plain des bastions.

Remarquons que les modes de revétement recommandés pour notre ouvrage obligent de laisser entre les locaux et le fossé-capital un massif de terre plus grand que d'habitude, afin d'écarter toutes les chances de destruction, même celles qui peuvent résulter d'un tir exceptionnellement dangereux partant de la contre-escarpe ; 10$^m$ d'épaisseur nous paraissent devoir suffire dans toutes les circonstances, mais comme nous ne sommes pas gênés par l'espace, nous adopterons 12$^m$.

On se rappelle que déjà, à diverses reprises, nous avons signalé l'existence d'une galerie, C, en capitale du front, qui assure les relations du fortin avec l'extérieur et est, en même temps, la communication entre le terre-plain de l'ouvrage et la caponnière, tant à ciel ouvert à travers le fossé de la tour, que

F. $\frac{2}{VI}$,
14, 16, 17, 18
VII

couverte par le moyen du couloir souterrain C′ (fig. $\frac{16}{VII}$); son débouché dans le fossé-capital se trouve au milieu de la tour. En raison de son importance nous lui donnons une largeur de 4 mètres.

Cette galerie est, en quelque sorte, la tige centrale sur ou aux abords de laquelle se greffent ou se distribuent les autres constructions souterraines ménagées dans le massif du front. Citons-les successivement en partant de l'escarpe. Au point de vue technique, elles n'offriront rien de particulier dans leur construction, du moment que leurs emplacements et leurs directions sont fixés, et leurs dimensions principales indiquées.

Ces constructions sont :

1° — Une galerie G de 3 mètres de largeur, parallèle au front, qui met en relation les magasins E des bastions contigus et aussi les fronts collatéraux, afin d'assurer, pendant la crise, le service des munitions et la circulation à couvert entre toutes les parties de l'ouvrage.

2° —Viennent ensuite quatre voûtes successives, $A^1$, $A^2$, $A^3$, $A^4$, pour le logement des hommes. Elles ont 20 mètres de longueur de chaque côté de la communication centrale, et 6 mètres de largeur y compris les épaisseurs des murs. Sur cette longueur de 20 mètres, il est réservé, à chaque extrémité, 3 à 5 mètres pour chambres, E, E, de sous-officiers, etc.... Il reste donc, en déduisant l'épaisseur du mur de séparation, net 16ᵐ,00 de longueur pour la chambre des soldats. Chacune de ces chambres peut recevoir au minimum trois hommes par deux mètres courants, sur chaque face, ce qui, à raison de 48 hommes par local, donne du logement pour 400 hommes.

3° — Toutes les chambres débouchent dans un couloir D disposé à leur extrémité du côté des bastions collatéraux.

4° — En α α sont des locaux à usage des officiers, de l'administration et de services divers.

5° — Enfin en *б б* sont les infirmeries, qui peuvent contenir, sur une rangée, 12 à 15 malades chacune, soit, pour toutes ensemble, le 1/5 de la garnison.

Le couloir D, qui sépare les infirmeries des chambres de la troupe, se greffe sur la galerie G, parallèle à l'escarpe.

Tous les locaux que nous venons de citer sont de plain-pied et reposent sur le terrain naturel.

La caponnière offre, d'autre part, du logement pour une vingtaine d'hommes en sus des magasins qui y sont construits.

Au besoin, on pourrait munir chaque face de l'ouvrage d'une caserne analogue ; mais nous pensons que ce serait un excès inutilement coûteux, car déjà deux casernes par fort de trois, quatre ou cinq côtés, fourniront du logement pour plus de 800 hommes, sans compter les hommes de garde dans les batteries et sur les remparts. Cependant, sous le rapport de l'hygiène, il y aurait avantage à dédoubler nos casernes, en ne les composant que de deux rangs de chambres chacune, au lieu de quatre, supprimant ainsi les deux rangs qui, dans notre dessin (fig. $\frac{14, 16}{VII}$), empiètent sur le terre-plein intérieur de l'ouvrage.

Les locaux qui n'ont pu être noyés dans le rempart seront enveloppés de terre, comme le montre la figure.

En temps de paix, la garnison de sûreté n'occupe que les locaux affectés à usage d'infirmerie et la première voûte A, dont on n'achèvera le blindage du côté du terre-plein intérieur qu'au moment de la mise en état de siège. La raison en est que, seuls, ils possèdent des fenêtres pour la ventilation et pour la prise du jour.

En temps de guerre, tous les locaux sont affectés aux usages pour lesquels ils sont construits. Pour cette éventualité, l'aréage est complété par des cheminées d'appel, *n, n, n*, dont le dessin (fig. $\frac{17, 18}{VII}$) fait suffisamment comprendre la disposition et qui sont protégées, à leur issue sur le terre-plain du rempart, par un dé de terre. Des foyers au pétrole ou autre combustible, et d'une puissance convenable, seront d'ailleurs tenus en activité, afin de contribuer, en assurant le fonctionnement des dites cheminées, à maintenir les chambres dans l'état d'assainissement indispensable.

Certes il est fâcheux de devoir, pendant la durée de la guerre, priver totalement de la lumière naturelle les locaux habités; mais les soucis de la sécurité font loi. Les fenêtres de la première rangée pourront cependant être conservées jusqu'au moment d'une attaque sérieuse, auquel moment on les blindera de la façon que propose la fig. $\frac{17}{\text{VII}}$.

F. $\frac{14, 16, 17, 18}{\text{VII}}$   La galerie de communication centrale, C, descend vers le fossé-capital sous une rampe de 1/4. En conséquence, seules les chambres $A^1$ et $A^2$ de la caserne auront une entrée sur cette galerie. Au contraire, à la hauteur des chambrées $A^3$, $A^4$, la galerie s'enfonçant sous le terrain naturel, il existe, au-dessus de sa voûte, un espace libre dont nous profiterons pour y établir des escaliers, ainsi qu'un ascenseur, destinés à envoyer les munitions, et au besoin les hommes, sur le rempart pour le service de la tour.

Entre les locaux $\delta\delta$ (infirmeries) et $\alpha\alpha$ (logement d'officiers), il est réservé une petite cour P (fig. $\frac{14}{\text{VII}}$), de 4 mètres largeur sur 12 à 15 mètres longueur, dans laquelle débouchent, à l'air libre, leurs entrées spéciales. Au besoin, cependant, cette cour sera blindée, si l'on juge qu'elle est exposée à être atteinte par le tir plongeant.

Les locaux pour logement ont une hauteur de 3 mètres sous clef; ils sont recouverts de terre. Leur voûte et cette terre forment un massif de 2 mètres d'épaisseur verticale. Si cette épaisseur n'était pas jugée suffisante, on la renforcerait en relevant le rempart de 1 mètre dans les parties correspondant aux logements. L'étendue des locaux où semblable opération devrait être exécutée ne sera pas considérable, puisque déjà, sur la majeure partie des voûtes, règnent le parados et d'autres dés de terre que traversent les appareils de ventilation.

Quant aux galeries et magasins, nous bornons leur hauteur à 2 mètres à la naissance de la voûte, ce qui laissera une épaisseur de 2$^m$,50 de matériaux entre la voûte et le niveau du rempart, sans compter la hauteur du parados qui s'y ajoutera parfois.

Pour l'hygiène des chambres, comme aussi afin de se procurer un supplément de locaux propres à servir de cuisines, de magasins de vivres, etc., nous installons nos casernes A$^1$, A$^2$, A$^3$, A$^4$, sur caves voûtées O, O, O, O, de 2 mètres de hauteur sous clef. On communiquerait avec ces caves :

— par le terre-plain de l'ouvrage, à l'aide de rampes R ménagées, par exemple, sous les galeries C et D; et

F. $\frac{14, 16}{VII}$

— par des escaliers Q, réservés dans les chambres de sous-officiers E, E.

En cas de surcroît imprévu de garnison par suite de circonstances de guerre, les caves non employées serviraient momentanément de refuge aux hommes que l'on ne pourrait recevoir dans les casernes proprement dites.

La communication immédiate entre les casernes et les batteries enterrées qui flanquent la caponnière, sera obtenue par un couloir L à rampe ou à gradins, ménagé sur le côté de la galerie G. En outre, une rampe R', partant du terre-plain en capitale du bastion, se dirigera vers la batterie (voir aussi coupe BB, fig. $\frac{11}{VI}$). C'est le chemin obligé de descente pour l'armement.

F. $\frac{11}{VI}$, $\frac{14}{VII}$

Nous avons dit que, sous le massif du bastion agrandi à 30$^m$ d'épaisseur, se construiront les magasins BB à poudre, munis de laboratoire pour le chargement des projectiles et d'un arsenal pour armes portatives, ils seront, de fait, séparés de l'escarpe par un massif de 16 mètres épaisseur, et de la galerie G par un massif de 6 à 8 mètres. Un ascenseur en H′, aboutissant dans le parados, assurerait le service du bastion en projectiles et permettrait, au besoin, aux hommes de gagner le rempart.

F. $\frac{1 \text{ (gauche)}}{VI}$

Outre toutes les communications souterraines que nous avons décrites, il en existe à l'air libre pour le service général en temps ordinaire. A cet effet, des rampes accolées au rempart, tant en capitale des bastions que contre la courtine, permettront de s'élever directement du terre-plain sur le rempart. Ces rampes sont, d'ailleurs, la seule voie possible pour effectuer le premier armement des batteries hautes après l'achèvement du fort.

Enfin, au bord de la crête intérieure du rempart règne une sorte de chemin de ronde qui longe le parados. De ce chemin de ronde, on arrive aux dispositifs organiques de la ligne de feu (batteries, banquettes pour mousqueterie, mâchecoulis), par des poternes percées à travers le même parados. Si les dits dispositifs sont sectionnés par le moyen de traverses, la communication de l'un à l'autre a lieu par des poternes ménagées dans ces traverses. Le pointillé du plan (fig. 1, gauche) indique la disposition de ces passages, et leur relation, plus clairement que ne pourrait le faire ici le développement le plus délayé.

### E. - Armement.

Sans rentrer dans toutes les considérations que nous avons développées, disons de suite quel sera l'armement.

Autant que possible, il est désirable de rechercher une complète uniformité de calibres, car, fréquemment, la diversité est l'occasion de graves mécomptes. Notre observation n'a d'autre but que d'aller au-devant du reproche d'exagération que l'on pourrait nous adresser.

Un fort isolé, dont les dimensions et l'armement sont limités, ne conservera une supériorité marquée sur l'ennemi que par l'efficacité de son feu. Cette efficacité dépendra plus du calibre que du nombre des pièces. Ce sera surtout le cas lorsque le fort sera cerné et vigoureusement assailli par l'artillerie ennemie. En conséquence, nous opterons en général pour le 15$^c$ pour les batteries hautes, ou des remparts, tant en vue d'agir au loin contre les convois, les colonnes ou les partis adverses, que pour contre-battre les dispositions rapprochées de l'attaque. Nous pensons toutefois que, dans certaines circonstances données, dépendant principalement du site ou du degré d'importance stratégique de la ligne d'opération sur laquelle le fort est construit, le 12$^{c.R.}$ pourra suffire. De même il pourra, dans quelques cas, être désirable d'armer d'un calibre supérieur au 15$^{c.R.}$, soit le 18$^{c.R.}$ par exemple ([1]), ou simplement de 15$^c$ fretté.

Quant à l'artillerie de second rôle, celle qui est destinée à balayer toute l'étendue du glacis et surtout les crêtes des fossés,

---

([1]) C'est un spécimen que nous ne possédons pas en Belgique, mais dont, si notre mémoire ne nous induit en erreur, on étudie l'adoption en Angleterre.

nous la composerons de mitrailleuses, avec cette restriction, cependant, que nous tiendrons sous le blindage qui les recouvre, et prêtes à leur être substituées s'il y a lieu, une réserve de même nombre de pièces de 9ᶜ·ᴿ· de campagne.

C'est également à des mitrailleuses que nous demanderons le flanquement des fossés.

On voit que les mitrailleuses employées dans notre forteresse auront, les unes un champ de tir très-étendu en longueur, les autres un champ de tir restreint; par suite nous devrons posséder deux modèles de cette catégorie de pièces. Nous donnerons la préférence aux « *Gätling* » (¹) qui, pour le moment, nous paraissent n'avoir pas été dépassés et dont il existe deux échantillons. Il ne pourra, du reste, survenir de confusion dans la distribution des charges, puisque le grand échantillon sera employé sur le rempart et l'autre dans les casemates basses.

Finalement, une petite pièce lisse d'artillerie — une sorte de pièce de montagne par exemple, ou un obusier court — qui n'emploiera que de faibles charges, est nécessaire pour suppléer, dans le fossé, à l'insuffisance des mitrailleuses, dans le cas possible où l'ennemi serait parvenu à y descendre et à y construire des couverts.

F. $\frac{1}{VI}$ Ces préliminaires étant posés, voici quelle sera la répartition des pièces. Considérons un demi-front :

Près du saillant du bastion et sur la face, nous plaçons une pièce de 15ᶜ en barbette ;

Au 1ᵉʳ crochet de la face, une mitrailleuse voyant la crête du glacis devant la caponnière ;

Au 2ᵈ crochet et en embrasure, deux canons de 15ᶜ, l'un

(1) Il vient d'être démontré en Angleterre que les « *Nordenfeldt* », du dernier modèle, sont supérieurs à tout ce qui a été imaginé jusqu'à ce jour. Nous passons en conséquence de leur côté.

voyant notamment la capitale du bastion, l'autre la capitale du front ;

Sur la face de la tour, est un canon de 15ᶜ en barbette ;

Sur l'aile de la tour, une mitrailleuse pointée contre le logement de la contre-escarpe du bastion.

Soit quatre pièces et deux mitrailleuses pour les batteries offensives, par demi-front.

Le rempart, d'un saillant à l'autre, sera donc armé de huit pièces et de quatre mitrailleuses.

L'armement de la caponnière sera de deux mitrailleuses sur chaque face, et la casemate de la tour recevra la pièce lisse.

Enfin les batteries de flanc seront armées de deux mitrailleuses et d'une petite pièce lisse (de réserve).

Soit en tout, pour le flanquement bas du front, huit mitrailleuses et quatre pièces de faible échantillon ou des obusiers courts.

Le total de l'artillerie par front est donc :

Récapitulation
- de 8 canons de 15ᶜ et 4 mitrailleuses fortes } dans les batteries hautes.
- de 8 mitrailleuses légères et 4 pièces ou obusiers courts non rayés } dans les batteries basses.

En comptant au maximum : 4 hommes par pièce de 15ᶜ et 2 hommes par autres pièces et par mitrailleuse, c'est un total de 64 servants présents devant la culasse.

Le service d'un front sera complètement assuré en y affectant 150 hommes ; soit 450 — ou 600 — hommes pour tout le fort, selon qu'il aura 3 ou 4 faces. Notons cependant que, comme un fort ne sera jamais complètement entouré dans les attaques et qu'aucune circonstance, en général, ne dictera la nécessité de faire feu de partout à la fois, il restera une réserve très-forte disponible, en adoptant la proportion de monde que nous fixons ci-dessus.

Le 15ᶜ et le 12ᶜ nous les possédons (1). Ce qui nous manque, c'est un modèle de mitrailleuses et de pièces de fossé et, éventuellement, le 18ᶜ. Nous avons dit quelles sont nos préférences à cet égard.

Avec 150 hommes par front, la défense aura le maximum d'énergie nécessaire dans toutes les éventualités. Or, dans notre estime, la garnison du fort sera d'ordinaire plus nombreuse, puisque nous faisons appel à la garde civique, c'est-à-dire à une landwehr dont nous demandions déjà l'organisation sérieuse dans diverses publications.

En admettant qu'un fort sur quatre, dont nous proposons l'érection, soit pourvu de 4 faces, et que les 3 autres soient à 3 faces, les premiers absorberont, cadres et services secondaires compris, environ 600 hommes, et les seconds 400 à 450 hommes. Pour 50 forts, ce serait un total de troupes de garnison de 22 à 25 mille hommes — ou la valeur d'un corps d'armée — qui auront, sur les péripéties et l'issue d'une campagne, plus d'effet qu'une armée de 200 000 hommes dépourvue d'appuis.

_____

(1) En Belgique.

### F. — Dispositions diverses.

Dans le développement des traits caractéristiques de notre fortin, nous avons remis à un moment plus opportun l'examen de plusieurs points qui, dans certaines circonstances, sont de nature à présenter un grand intérêt à la défense. Nous allons les examiner. Ce sont : **Les arceaux de sûreté. — Des modifications à la caponnière en site élevé, dans certains cas de site. — Une caponnière en site bas ou aquatique. — L'aération des casemates. — Le choix du métal.**

**Arceaux de sûreté.** — Leur but est la consolidation de l'assiette des terres du parapet, pour éviter que l'éclatement réitéré d'obus explosifs n'ébranle les terrassements et ne compromette la stabilité et, par conséquent, l'efficacité des dispositifs de défense. C'est le cas, par exemple, pour la partie du parapet qui contient le tunnel du mâchecoulis (V. p. 78 et 163).

Il n'existe, à proprement parler, qu'un moyen réellement F. $\frac{9, 10, 11}{VII}$ efficace de parer, autant qu'il est possible, à ce risque dangereux ; c'est de construire une suite d'arceaux légers, montés sur des colonnettes en fer, dans le voisinage de la région où l'éclatement des obus peut exercer quelque trouble inquiétant. Cette armature doit pouvoir soutenir les terres supérieures, lorsque les terres inférieures sont ameublies dans l'étendue du rayon du globe de compression, et elle n'a pas d'autre objet à remplir.

Le surcroît d'apparaux techniques dont nous parlons n'est pas inhérent à notre système d'escarpe. Il serait également d'une efficacité, plus incontestable encore, dans toute fortification composée d'après d'autres vues et procédés, si l'on veut que la chute d'une partie du parapet n'entraîne pas la chute, dans le fossé, de l'armement existant sur le rempart correspondant. Ce système d'arceaux est toujours, sous une apparence nouvelle, l'application du principe des « voûtes en décharge. »

Les figures 9 à 11 font voir de quelle façon ces arceaux peuvent être disposés.

Dans la supposition que le projectile n'éclate qu'après une pénétration de 3 mètres dans le massif et fasse sentir ses effets dans un rayon de 2 mètres, l'armature serait établie à 6 mètres en arrière de la magistrale. Elle pourrait consister en simples pilots de 3 mètres hauteur enfoncés dans le terrain naturel non remué ; on les espacerait, en profondeur, de 2 mètres, et en front de 5 mètres, à l'instar des fermes du revêtement d'escarpe. Ces pilots seraient reliés entre eux par des traverses et des entretoises. Sur leurs têtes viendraient reposer des voûtes en fer, en arc-de-cloître, de 5 mètres de portée et de 2 mètres de flèche, formée d'une tôle de $0^m,01$ épaisseur cintrée à l'atelier.

Cette disposition paraît suffisante pour résister au poids qui la charge et aux secousses produites par l'explosion d'obus.

**Caponnière en site élevé; cas particuliers.** — Le défilement des embrasures du tunnel de la caponnière est difficile lorsque la longueur de la face est portée à plus de 200 mètres, circonstance qui se présentera parfois.

Reprenons la coupe TT, fig. 1, pl. VI, et fig. 1, pl. VIII, faite dans la caponnière et la contre-escarpe de l'ouvrage.

F. $\frac{1}{VI}$, $\frac{1}{VIII}$, $\frac{6,7}{VIII}$

Dans cette coupe, la différence de niveau entre la genouillère de l'embrasure de la batterie ennemie sur la contre-escarpe et l'arête supérieure de l'avant-embrasure de la caponnière, est de 11 mètres pour une distance horizontale de 110 mètres environ. Cette relation ne nous donne cependant, pour la casemate de la caponnière, que le défilement strictement suffisant.

La diminution de défilement n'est pas appréciable d'une façon dangereuse, si le front est porté à 250 mètres, ce qui revient à une augmentation de 25 mètres de la distance entre la contre-batterie et le masque de la caponnière. Mais au-delà d'une longueur de magistrale de 250 mètres, il serait impossible de garantir la sécurité du tunnel du dehors qui flanque le corps-de-place, sans introduire, dans les rapports des diverses parties du front, certaines transformations.

Remarquons que, à notre fortin modèle, nous n'avons donné qu'une profondeur de fossé-capital de 9 mètres, et que, en général, nos forts seront construits dans des sites qui permettront l'adoption de fossés plus profonds. Dans cet ordre d'idées, on reconnaîtra que, pour un front de 300 ou de 400 mètres, par exemple, il sera bon, si l'on veut assurer l'intégrité absolue du dispositif de la caponnière, de creuser d'avantage le fossé tout en augmentant le diamètre transversal de la caponnière près de la gorge.

La figure 6 et 7, pl. VIII, fait voir que le résultat est obtenu avec la cote ($-12^m$) de fossé-capital, et le demi-diamètre de la caponnière de 30 à $40^m$ selon que le front a 300 ou $400^m$ longueur.

Il peut se faire que, pour un motif quelconque, l'on ne porte pas le fossé-capital à une profondeur supérieure à celle que nous avons constamment envisagée, 8 ou 9 mètres. Dans ce cas, on remédiera à l'insuffisance du couvert à l'aide d'un masque détaché, cuirassé comme l'est la caponnière, et qui serait percé d'un avant-embrasure. Ce masque serait flanqué à la fois par le corps-de-place et par le dehors qu'il protège. Les fig. 8 et 9 montrent quelle serait, en profil et en plan, la disposition proposée. Cette disposition a même nos préférences, parce que l'on évite les difficultés du maniement des terres et celles de la construction de l'escarpe à une grande profondeur.

F. $\frac{8, 9}{\text{VIII}}$

De même dans les sites aquatiques, nos préceptes devront, dans l'application, recevoir des modifications importantes, dans le sens de ce qui est indiqué dans l'alinéa précédent. Mais ici, d'ordinaire, la présence de l'eau à très-petite profondeur sous le sol naturel, rendra indispensable une disposition spéciale, telle, par exemple, que celle que nous croyons pouvoir recommander page suivante.

On peut se demander si, dans le cas d'un approfondissement considérable des fossés, la dépense à laquelle notre système de revêtement entraîne, ne s'accroîtra pas dans un rapport sérieux, car l'augmentation de la hauteur de l'escarpe ne pourrait se pratiquer sans renforcer aussi l'échantillon des diverses pièces qui constituent l'armature de l'escarpe. Selon nous, il n'y a pas lieu, dans cette éventualité, de revêtir toute l'escarpe jusqu'au terrain naturel, puisqu'il s'agit moins de retenir les terres que de créer un obstacle contre le franchissement. Or la hauteur de 8 mètres que nous avons adoptée dans notre redoute-type, s'opposera toujours à l'escalade. D'autre part, la question de la poussée (horizontale) des terres ne permet pas d'adopter strictement le type que nous avons créé dans cette étude; elle oblige à imiter la disposition représentée fig. 37, pl. II. Nous ne croyons toutefois nullement utile de nous étendre longuement sur cette particularité; remarquons seulement que l'approfondissement du fossé étant une conséquence d'une plus grande longueur donnée au côté du polygone, le terre-plein intérieur de l'ouvrage est accru dans une notable proportion; par suite il n'y a guère d'inconvénient à retirer le parapet quelque peu en arrière, ce qui aiderait beaucoup à la solution.

L'approfondissement du fossé peut être utilement compensé par une diminution de sa largeur, que nous réduirions à 15$^m$ au saillant et à 20 mètres en regard des angles d'épaule. Nous écarterions ainsi l'embarras d'un surcroît de déblai, dont nous

F. $\frac{37}{II}$

ne saurions que faire à moins de modifier les reliefs du rempart et du glacis d'une façon désavantageuse aux propriétés de l'ouvrage.

**Caponnière en site bas.** — Dans un site bas, où l'on ne peut s'enterrer suffisamment, et où, par conséquent, la bouche de la pièce ennemie aperçoit en vue directe la bouche de la pièce de notre caponnière, cette caponnière semble pouvoir être constituée de la manière suivante :

F. $\frac{11\ \text{à}\ 18}{VIII}$

Tout d'abord, il est visible que la disposition d'un masque à l'instar de ce que montrent les fig. $\frac{8,\ 9}{VIII}$, est impraticable ; cela résulte de la longueur de la ligne de défense en regard du peu de profondeur des fossés. Les têtes des embrasures seront donc directement en butté au tir de la contre-escarpe.

Pour obvier au danger de cette situation, nous proposons la construction suivante, par laquelle nous nous efforçons de réaliser de nouveau, et le plus complètement possible, la condition de la rencontre de la trajectoire du projectile et de la surface à contre-battre, sous l'angle le plus doux possible.

Soit, fig. 11, une série de caves à canons A, A, A, accolées (nous ne représentons que les axes ou les lignes limites, écartant, pour la clarté, tous autres détails de construction). Nous couvrons la tête de chaque embrasure (fig. 12) par un segment sphérique en fer, à travers lequel passe la bouche de la pièce. Ce segment, ou calotte, sphérique aura une épaisseur exceptionnellement forte, notamment dans le voisinage de son milieu ([1]).

F. $\frac{11}{VIII}$

---

(1) En 1876, croyons-nous nous rappeler, un journal militaire hollandais donna la description et le croquis d'une cuirasse imaginée par Mr Krupp, pour garantir les servants d'une artillerie de forteresse. Cette cuirasse, fixée sur la volée, faisait corps avec la pièce — ou l'inverse si l'on veut.

Vers la fin de 1877, ce même système, perfectionné d'une manière remarquable, fut, à Essen, soumis à des expériences concluantes sous les yeux de

F. $\frac{11,12,13,14,15}{VIII}$    Toutes ces voûtes se raccordent latéralement entre elles par une couverture en forme de gouttières, dont la partie antérieure se prolonge en avant de la magistrale, vers le fossé (fig. 13), s'enterrant même dans la berme qui entoure l'ouvrage. L'aspect de cette gouttière présente assez bien celui de deux coutres de charrue placés jointivement.

Pour donner un écoulement aux boulets tirés contre la tête de l'embrasure, qui ne seraient pas rejetés au loin par le ricochet, nous faisons (fig. 12 et 14) reposer la cave à canons sur un tunnel où le projectile est amené comme par le moyen d'un entonnoir. L'obus poursuit alors sa route, ricochant contre les parois de ce tunnel, et il vient se perdre dans un dé de terre qui est ménagé derrière la gorge de la face et dans lequel il éclate; ou bien encore, le tunnel étant prolongé à travers la masse de ce dé, le projectile continue son chemin pour se perdre soit dans le fossé-capital de l'autre demi-front, soit même dans la campagne.

Du côté de la gorge, la cave à canons est, en conséquence, clôturée par un mur que protège (fig. 12 et 15) une légère cuirasse, afin d'arrêter les éclats et les projections de matières; ce mur est percé, du reste, vers le haut, d'évents d'aérage que complètent des diaphragmes.

Supposons deux faces d'ouvrage construites d'après ces principes et réunies pour former caponnière; elles laissent entre

---

notabilités militaires, dont quelques-unes occupaient même, pendant la durée du tir, la batterie objet des épreuves.

Notre caponnière ici décrite participe, sous un certain rapport, de la même idée, concurremment avec les propositions énoncées dans nos pages 144 à 146 en vue d'obtenir portées et directions. Elle est, cependant, de longtemps antérieure à l'époque de la divulgation par la presse des inventions du célèbre métallurgiste; notre travail date, en effet, de 1871 à 1873.

A cela se borne ce que nous avions à dire.

elles une cour *inhabitée* et *inhabitable*, occupée par le dé de
terre dont nous venons de faire connaître l'objet.

Au besoin, pour couvrir les murs de gorge des caves à canons $\text{F.} \frac{13,16,17,18}{\text{VIII}}$
contre les atteintes à revers des projectiles passant au-dessus
de la crête opposée, il suffira de blinder la cour à l'aide d'une
couverture horizontale (fig. 13) dont les colonnes ou soutiens,
reliés par des traverses, seront placés dans les axes des pieds-
droits des caves. Les fig. 16, 17 et 18 proposent divers dispositifs de ce blindage.

Disons que le toit ou chapeau de notre caponnière peut, sans
difficulté, soit être recouvert de lits de scories et pierrailles
(ballast), soit reposer sur une voûte ballastée à l'instar de la
caponnière en site élevé.

Dans notre nouvelle caponnière, l'artillerie est montée sur le
*socle* que, dans le corps de notre travail, nous avons adopté pour
les pièces sous coupoles fixes, qui arment les saillants de notre
fort-type.

On peut se demander si, dans le site bas, qui nous oblige à
adopter la caponnière spéciale ici décrite, on ne se trouvera pas
dans une nécessité semblable en ce qui concerne les casemates-
tunnels des flancs, lesquelles flanquent la caponnière. Nous
pensons que, d'ordinaire, cette circonstance n'est pas à envisager, mais que les dispositifs des pages 176 et antérieures seront
d'une application aisée, sans devoir y introduire de notables
modifications, la ligne de défense ne devant varier qu'entre des
limites relativement courtes, quelle que soit la largeur du fossé.
Mais si le cas se présentait autrement, le dispositif de la
« caponnière en site bas » devrait et pourrait s'y adapter.

On remarquera que le nouveau modèle de caponnière peut,
dans une certaine mesure, et pris isolément, être considéré
comme constituant un petit fort d'un caractère spécial, difficile-
ment accostable sans l'aide de l'industrie, puisque l'on a la

facilité de l'entourer d'eau. Il pourra, en conséquence, comme fort de position proprement dit, trouver application avantageuse dans nombre de circonstances. Ainsi, mais toujours en site bas, il remplira l'office de ces « flèches » ou « redans », dont on constitue toute ou partie de la ceinture avancée des places de premier ordre et des camps retranchés, là où l'avant-glacis, prolongeant la pente du glacis, peut former un avant-fossé cunéiforme plein d'eau. De même il s'emploiera dans les inondations permanentes comme ouvrage noyé.

Enfin la même construction est applicable aux faces des batteries de côte directement exposées au feu de la puissante artillerie des flottes.

Aération. — La grosse question de l'aération des casemates (caves à canons et tous locaux à usage d'habitation) est à envisager. Voici ce que nous aurions à en dire :

L'aération des casemates de la caponnière et des flancs, de l'embrasure-tunnel du mâchecoulis, ainsi que des locaux servant de logement, sera insuffisante si elle dépend des seules dispositions — usuelles — que nous avons décrites, c'est-à-dire en se reposant sur le jeu régulier des cheminées d'aérage et sur l'espoir d'une grande activité de ce jeu. Il n'est pas niable que l'accumulation de la fumée dans les caves à canons ne doive causer à la défense un embarras immense; d'autre part la lenteur du renouvellement de l'air dans les locaux habités (ceux de la caponnière notamment), dans des circonstances variées qu'il ne serait pas surprenant de voir se produire à la fois peut-être, engendrerait promptement des fièvres typhoïdes. Nous voulons parler de l'encombrement éventuel, par suite d'une affluence inopinée de troupes venant se mettre à l'abri pour échapper à une poursuite; ou bien de la réclusion de la garnison dans des locaux dans un moment de redoublement du feu; ou bien encore de l'activité du tir dans les batteries hautes et basses pendant des attaques ennemies particulièrement dangereuses.

Un moyen efficace et peu coûteux selon nous, simple aussi dans son installation et dans son fonctionnement, consisterait dans l'emploi du ventilateur de mines dont tout le monde a vu un exemplaire à l'Exposition d'hygiène et de sauvetage en 1875 à Bruxelles. On l'installerait dans l'un des compartiments de l'étage inférieur de la caserne casematée. Une canalisation très-simple distribuerait le *vent* entre toutes les parties de l'ouvrage qui doivent être munies de cette chasse exceptionnelle; au besoin on la ferait double, afin de produire un mouvement d'aspiration là où ce serait nécessaire dans l'intérêt du tirage et de l'appel d'air.

Disons d'autre part que, entre tous les systèmes que nous connaissons, c'est l'aspirateur Koërting qui nous paraît s'adapter le mieux aux nécessités militaires. *Il ne faut pas d'aptitudes spéciales pour le faire fonctionner et l'entretenir.* **Une recrue, comme un général, y est propre.**

**Du métal.** — Terminons ce chapitre et notre travail par quelques remarques au sujet du métal dont il conviendra de faire choix dans la confection des divers organes de nos armatures, afin de concilier l'intérêt de la résistance avec les nécessités d'une stricte économie.

Cette question a une haute importance.

L'on peut énoncer en général que les métaux qui ont conquis les positions les plus décisives dans leur adaptation aux usages militaires, sous le triple rapport des facilités d'application, des conditions de résistance et du coût, sont le fer aciérié — appelé simplement aussi, mais improprement, acier —, le fer ordinaire, la fonte durcie et la fonte proprement dite.

Il n'y a, à vrai dire, qu'un métal unique : le fer; il s'emploie sous les quatre états que nous venons de dénommer et qui représentent divers degrés de préparation auxquels l'art nous les livre.

Sans doute, notre présent travail est essentiellement technique-géométrique, et non technique-métallurgique ; mais les principes fortificatifs qu'il développe et établit ayant principalement pour raison d'être les propriétés du fer, il lui est permis de ne pas s'abstenir d'une manière absolue quant à ce second point de vue. En effet, ces propriétés venant à disparaître, le travail actuel est absolument sans objet, à moins que l'on ne découvre une matière nouvelle les possédant.

Sans donc entrer dans des développements qui ne seraient pas à leur place ici ; ne voulant pas, d'autre part, paraître nous attribuer une compétence en métallurgie que nous ne possédons pas, nous nous bornerons à indiquer, d'une façon générale et brève, les considérations qui doivent diriger dans le choix du métal à employer pour chaque pièce.

— 1° Fonte ordinaire. Elle entrera dans la constitution des pièces qui, en aucunes circonstances, ne seront exposées à des chocs ou des ébranlements dûs aux effets de l'artillerie. Cependant la prudence conseillerait d'en transformer en fer la surface sur une certaine épaisseur afin de conjurer les risques — qui défient parfois toute prévision humaine — de rupture.

— 2° Fer ordinaire ou de commerce. On en confectionnera les pièces exposées à des ébranlements, ou même à des chocs, qui ne peuvent, en aucuns cas, atteindre une grande puissance parce que le lieu d'éclatement est éloigné ou que l'angle de percussion restera inférieur à 50°.

Dans les deux catégories de pièces ci-dessus qualifiées, nous rangerons :

a) — les colonnes-contreforts du revêtement tubulaire,

— toutes les semelles en général,

— les colonnes-supports et les poutrelles en T, qui forment la charpente de soutien de la carapace de la caponnière ;

b) — les traverses et les liens du revêtement tubulaire,
— les couchis          id.,
— la plaque-voûte (¹) du revêtement par arcades (il s'agit de la feuille inférieure),
— les poutrelles-coudées      id.,
— les éléments des arceaux de sûreté,
— les contre-plaques d'embrasures-tunnels,
— le toit intérieur et les joues d'embrasures,
— la plaque de revêtemeut de la gorge de la caponnière.

— 3° et 4° Fonte durcie et fer aciéré. Ces deux métaux doivent être préférés partout où l'intégrité de l'organe importe au degré le plus élevé. Il est à remarquer que la fonte durcie, raide, et sans souplesse sous l'action des forces extérieures, demande, pour n'être pas réduite en morceaux, certaines précautions de surfaces, d'encastrement et d'épaisseurs que n'exige pas le fer aciéré à cause du *liant* moléculaire que le corroi (²) communique à celui-ci.

Les organes qui exigent l'emploi de l'un de ces métaux (³), ou

---

(1) On a critiqué l'*anatomie* de notre plaque-voûte. Je n'y tiens pas d'une façon impérieuse si l'usinage peut procurer à cette pièce les mêmes propriétés que nous recherchons, tout en en simplifiant la fabrication ; nous dirons cependant que, entre autres exemples d'une anatomie analogue, il y a lieu de citer la coque d'un cuirassé de guerre, « Le Monadnock », que vient (en 1883) de construire l'Amérique (Echo du Parlᵗ, n° du 26 octobre).

(2) Nous appliquerons au fer, par licence, ce substantif, à l'instar du verbe corroyer.

(3) La fonte durcie et le fer aciéré, qui ne datent pas d'une époque bien reculée (on en parlait à peine lorsque je disposais les premiers jalons de mon travail et ne songeais à mettre en œuvre que la fonte et le fer ordinaires, et, *avec grande réserve*, l'acier Bessemer), se sont faits une place aux « fourneaux ».

Les remarquables notices de M. le capitaine du génie autrichien Kunka, des deux simultanément, sont spécialement les suivants, parce qu'ils reçoivent les coups normalement ou dans une direction dont l'obliquité ne descend guère au-dessous de 60° :

c) — le chapiteau de la colonne du revêtement par arcades,
     — l'entrait et l'étrier-hauban          id.,
     — les boutants du revêtement tubulaire,
     — la carapace de la caponnière,
     — le pourtour et les piliers d'embrasures,
     — les plaques d'arrondissement de contre-escarpe ;
.d) — les colonnes de l'un et l'autre revêtement d'escarpe,
     — les étançons du revêtement par arcades.

---

publiées, de novembre 1876 à avril 1877, dans les *Mittheilungen der Art. und Génie Wesens*, de Vienne (la plupart en ont été données, en traduction, par les *Annales du Génie civil*, de E. Lacroix, ingénieur, rue des Sts Pères, à Paris) ont signalé les applications vastes que l'Allemagne faisait du premier de ces métaux dans les nouveaux forts de Metz et de Strasbourg, et le succès obtenu par le second dans les tirs d'épreuve faits à la Spezzia avec le canon de 100 Tonnes contre une section de bordage de cuirassé du type Diulio.

La découverte de métaux perfectionnés ne pouvait que corroborer les propositions dont mon travail est l'objet et qui, tout d'abord, reposaient sur les propriétés de métaux de qualité moins satisfaisante.

## CONCLUSION.

———

Nos forts coûtent cher. En voici le devis approché, par front de 200ᵐ longueur :

— Un quart de 14 hectares, absorbés par tout le fort, soit 3 1/2 hectares à 7 000 fr.    25 000

— 70 000 mètres-cubes déblais-remblais, à fr. 0,50 . . . . . . . . . . 35 000

— Revêtement d'escarpe, moyenne. .    300 000

— Contre-escarpe,      id. . .    40 000

— Caponnières,      id. . .    240 000

— Deux batteries de flanc, à 15 000 fr. l'une . . . . . . . . . . 30 000

— Deux batteries de bastions ou de tour, en barbette, à 50 000 francs l'une. . .    100 000

— Huit blindages de face, pour pièces mitrailleuses en embrasure, à 10 000 fr. l'une . . . . . . . . . . 80 000

— Dispositions permanentes ou passagères pour mousqueterie, sur les faces et sur les mâchecoulis . . . . . . . 25 000

A reporter . .    <u>875 000</u>

15

Report . . 875 000

— Locaux[1], magasins, communications et dispositions diverses, à 200 francs le mètre carré . . . . . . . . . 250 000

Somme . . francs 1 135 000

Soit un million[2] environ pour une face, sans compter l'armement et les approvisionnements

---

(1) Lorsque la face ne comportera pas de casernes, le prix de revient des constructions en maçonnerie s'abaissera au-dessous de 80 000 francs.

(2) L'estimation n'est qu'approximative; seule la construction d'un spécimen destiné aux épreuves permettrait de fixer un chiffre mieux voisin de la vérité. Nous pensons toutefois l'avoir plutôt dépassée qu'être resté au-dessous.

FIN.

ADDITAS.

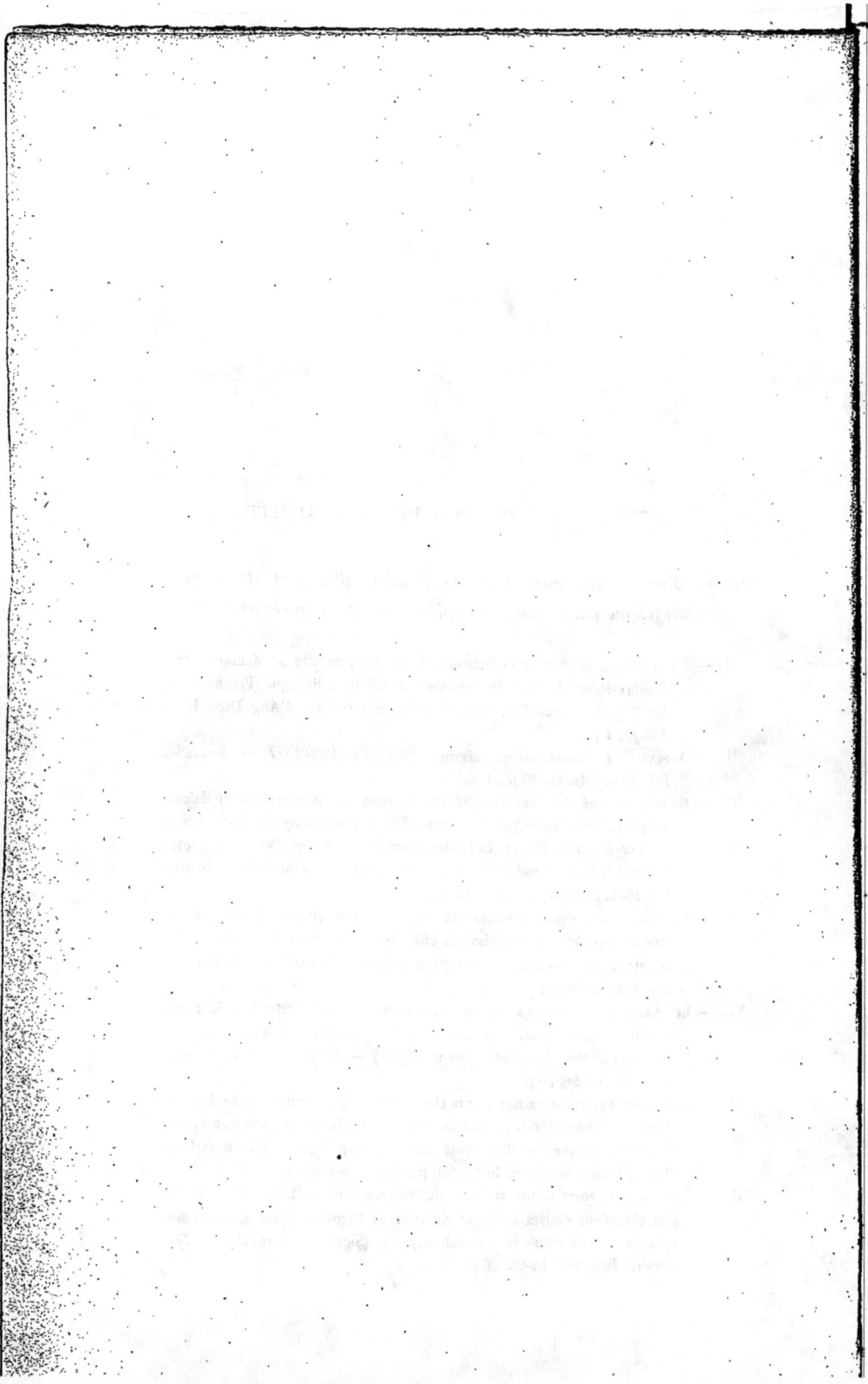

## LISTE DES PUBLICATIONS DU MÊME AUTEUR.

*Suivie d'une notice analytique de chacune d'elles et d'une page d'additas (ou paragraphes complémentaires) à quelques-unes.*

I. — Essai sur la défense de la Belgique. Proposition de faire de Namur et de la Sambre-Meuse la base du système défensif de la Belgique (Pseudonyme : Un Belge.) — Bruxelles, 1858, librairie polytechnique d'Aug. Decq. In-8°, 156 p., 1 pl.

II. — Appendice à l'Essai sur la défense, etc., 1859-1860-1877. — Bruxelles, lith. Danco. In-4°, 40 p., 1 pl.

III. — Camp retranché d'Anvers. Considérations critiques sur le système de défense adopté en 1859 (Signé.) — Bruxelles, 1860, librairie Bruylant. In-8°, 208 p.

IV. — De l'État-Major en Prusse, en France et en Belgique. Complément aux institutions d'éducation militaire, etc. (Pseudonyme : Capitaine Stab.) — Bruxelles, 1871, librairie Bruylant. In-8°, 76 p.

V. — Conférence sur les reconnaissances militaires, etc. (1e partie). Ce que doit être un rapport de reconnaissance militaire ou de découverte, pour remplir le but; carnet pour opérer en campagne (Signé.) — Bruxelles, 1874, librairie Bruylant. In-8°, 66 p., 5 pl.

VI. — Le généralat, les armes spéciales et les armes de ligne. Lettre à M. le directeur de la Belgique militaire, relative à l'avancement dans toutes les armes et à la collation des grades élevés (Signé.) — Bruxelles, 1875, librairie Lebègue. In-8°, 40 p.

VII. — Étude sur les ports de mer belges (1re partie). Port (projet du) de Nieuw-Antwerpen, près Heyst, et son raccordement avec les contrées rhénanes, etc. Solution à la question Terneuzen-Anvers-Nieuport (Signé.) — Bruxelles, 1876, librairie Bruylant. In 8°, 150 p., 4 pl.

VIII. — Étude sur les ports de mer belges (Suite au précédent ou IIe partie). Réplique aux objections émises au sujet du port de Nieuw-Antwerpen. Nouveau système de remorque sur les canaux, etc. (Signé.) — Bruxelles, 1877, librairie Bruylant. In-8°, 66 p.

IX. — CAVALERIE ET FORTERESSES. Force en cavalerie nécessaire à la Belgique, d'après le plan éventuel de mobilisation ; éducation de la cavalerie. Constitution du réseau territorial défensif (forts d'arrêt ou de positions) élaboré d'après l'expérience des dernières guerres et les acquêts de la science militaire (Signé). — Gand, 1877, impr. C. Annoot-Braeckman. In-8°, 160 p., 4 pl.

X. — PORT DE GRIZ-NEZ. PROJET DE CRÉATION D'UN VASTE PORT DE GUERRE ET DE COMMERCE, sûr et abordable par tous les temps, au cap Gris-nez sur le Pas-de Calais, pour remplacer les ports de Calais et de Boulogne et être substitué au tunnel sous-marin destiné à relier la France et l'Angleterre (Signé). — Bruxelles, 1877, impr. Van Assche. In-4°, 10 p., 4. pl.

XI. — CONFÉRENCE SUR LES RECONNAISSANCES MILITAIRES, etc. (Supplément ou IIe partie). Instructions pour le service de sûreté ou d'avant postes, etc. (Signé). — Bruxelles, 1878, librairie Bruylant. In-8°, 27 p., 1 pl.

XII. — ESSAI SUR LA DÉFENSE DE LA BELGIQUE ET APPENDICE; 2me édition (Réimpression de I et II en un tome unique) (Signé). — 1884. Paris, Berger-Levrault et Cie, libraires-éditeurs ; Gand, Ad. Hoste, libraire-éditeur. In-8°, 222 p., 2 pl.

XIII. — LA FORTIFICATION DE L'AVENIR. Innovations dans l'Art de la fortification basées sur l'emploi du fer; application aux FONTS DE POSITIONS. — 1885. Paris, Berger-Levrault et Cie, libraires-éditeurs ; Gand, Ad. Hoste, libraire-éditeur. In-8°, 1 vol. de 250 p., et 1 atlas de 9 pl

## Pour paraître ultérieurement :

XIV. — NOUVEAU BRISE-LAMES FLOTTANT (rigide et insubmersible), pour la défense des rades foraines et des têtes de chenal (Ce projet a été développé en séance du Congrès d'hygiène et de sauvetage, à Bruxelles, en 1876.)

XV. — PATRIOTISME. Sa nature; sa récompense. Quelques faits politiques propres à aiguiser ce sentiment.

RÉSUMÉ ANALYTIQUE DE CHACUN DE CES ÉCRITS.

## I. — Essai sur la défense de Belgique.

SOMMAIRE : Dissertation au sujet d'Anvers, de Bruxelles, de la Meuse. — Recherche de la position stratégique principale : **Namur**, et non **Anvers**. — Utilité des forteresses. — Fortification de la capitale. — Du service général. — De la cavalerie.

*Résumé.* — La Belgique qui, depuis un quart de siècle, venait de recouvrer son indépendance, se préoccupait des moyens de renforcer son état militaire en vue de garantir la conservation de sa conquête.

Le livre, dont ci-dessus le titre, s'occupe de la recherche du système territorial de défense (échiquier des forteresses) qu'il convient d'adopter, et il arrive, par l'étude de la géographie, par l'exemple des guerres et par la connaissance des directions d'où nous viendra le danger, à la conclusion *que la Sambre-Meuse est la ligne stratégique par excellence* DE LA CONTRÉE BELGE, et que c'est sur cette ligne que doit être basé tout le système de défense pour répondre aux exigences de la science militaire. Le mode de démonstration est, du reste, très simple. Il consiste à placer la France envahissante en présence de l'Allemagne alliée — et l'Allemagne envahissante en présence de la France alliée; et à déduire de cette opposition ce qui doit naturellement se passer, savoir: que le plus prompt à s'emparer de la Sambre-Meuse, de Charleroi à Liége, sera maître de la Belgique. La conséquence est que la Belgique doit garder cette ligne en forces, pour y recevoir ses alliés.

Le livre expose, d'autre part, les nombreuses raisons qui militent en faveur des forteresses en général, quoique prétende une vieille mode que l'on veut rajeunir; son argumentation s'applique aux petits comme aux grands pays.

Le lieu vrai de la création du camp retranché, ou du réduit central principal, doit être Namur.

La fortification de la capitale se recommanderait peut-être, mais pour des raisons politiques seulement.

L'auteur démontre que le ralliement sur Anvers, des garnisons éparses et des miliciens rappelés, — s'il n'existe sur tout le territoire que cet unique point fortifié — doit être considéré comme une impossibilité et une assertion dont le fondement est des plus contestables. Suit un tableau émouvant de ce que sera ce ralliement.

Autres objets traités dans ce livre :

*Service général.* — Il s'impose. Sans lui, dans l'état actuel des choses en Europe, point d'armée — ni, partant, de nationalité assurée de surnager au milieu des tourmentes politiques.

*Cavalerie légère.* — Son rôle et son mode de fonctionnement.

*Armée.* — En temps de paix, elle est une délégation, chargée de veiller à la sécurité pendant que la Nation travaille; en temps de guerre, elle est la Nation toute entière en armes.

Le livre se termine par des CITATIONS qui méritent d'être lues.

---

## II. — Appendice à l'Essai, etc.

SOMMAIRE : Réponse à des critiques. — Confirmation de nos vues sur l'utilité des forteresses et sur la ligne stratégique Sambre-Meuse. — Exemple de la guerre d'Italie de 1859.

*Résumé.* — Ainsi que son titre permet de le deviner, c'est la confirmation des grandes lignes dessinées dans l'*Essai sur la défense*(1).

Il comporte actuellement plusieurs parties qui, comme nous l'indiquons, ont été composées à des époques différentes et diverses.

---

(1) Une publication, dont nous n'avons pu nous occuper dans cet *Appendice* et qui tient son importance de la source *qu'on lui attribuait*, s'exprimait ainsi en faveur d'Anvers et contre Namur : « Concentrer les moyens défensifs du pays sur un point que « personne n'aurait intérêt à prendre, *ce serait tout bonnement* UNE ANERIE. J'en « demande pardon aux honorables publicistes *qui voudraient baser l'armée belge sur* « Ostende, Diest, NAMUR, voire même Arlon, Rupelmonde, Lillo !!! (*La Vérité sur la* « *question d'Anvers*, août 1859, par le général BON SENS. — Bruxelles, E. Guyot, « succr de Stapleaux, rue de Scharbeek, 12). »

Toutefois, plus tard, un des frères de Bon Sens, *le général* LA MÈCHE, a tenu un autre langage dans sa brochure visant à effet: *La guerre franco-allemande de 1878 en Belgique* (Anvers, J Roeder, rue St André, 8); opuscule qui fut peu goûté et, par cette cause, me fut charitablement attribué par les zélés. En quelques lieux, on accepta comme fondée l'insinuation, LA MÈCHE ayant imité « le mode de démonstration » que j'avais suivi vingt années auparavant, dans ma brochure de 1858, signée « un Belge ».

La 1<sup>re</sup>, de 1859, a été la plus importante et toute d'actualité. Elle répond à des critiques dont le jugement ou la bonne foi est peut-être contestable. Un *Résumé de l'échiquier* que l'on croit pouvoir recommander, et un *Tableau de la marche d'une invasion* l'accompagnent.

La 2<sup>de</sup>, de 1860, est une application, *contre* la Belgique, des préparatifs et des incidents de la récente campagne d'Italie, de Napoléon III.

Le 3°, de 1877, expose succinctement la nécessité de transformer le réseau des forteresses secondaires, en présence de la nouvelle artillerie, et indique ce que l'auteur propose pour y pourvoir.

---

### III. — Camp retranché d'Anvers. Considérations critiques, etc.

Sommaire : Discussion sur la position d'Anvers; — sur celle de la Meuse; — sur l'utilité des forteresses en général ; — sur le contingent de milice et ses déchets annuels; — sur l'armement général et l'emploi de la garde civique.

*Résumé.* — Les Chambres venaient d'adopter le projet de la création d'une grande position militaire et unique forteresse, à Anvers, qui leur avait été proposée comme la base, le pivot des opérations militaires à exécuter à l'effet de défendre le sol. C'était en même temps le dernier réduit.

Le livre dont le titre ci-contre, tend à démontrer que les arguments produits au cours de la discussion législative ont été interprétés autrement qu'ils ne devaient l'être; pour essayer de le prouver, il reprend un à un ces arguments et les dissèque.

L'auteur en arrive, par suite, à maintenir les conclusions de son livre de 1858, à savoir que le *système défensif belge* DEVAIT ÊTRE BASÉ SUR LA MEUSE.

Il ne se laisse pas convertir à la théorie de la suppression des forteresses secondaires. Il ne prétend pourtant pas qu'il en faille un grand nombre; il prétend même le contraire. Mais il est d'avis que le choix doit en être judicieux. Une seule forteresse secondaire, bien située, a plus d'efficacité et moins d'inconvénients que trois ou quatre autres qui seraient distribuées au hasard.

La « Conclusion » finale du livre a un haut intérêt.

Tout-à-fait incidemment, l'auteur s'occupe, dans les dernières pages, avant de clore sa discussion, de la question des **déchets** qu'éprouve chaque classe de milice au moment du premier appel sous les drapeaux, et qui vont en croissant annuellement, dans une proportion rapide, à mesure que la classe devient plus ancienne.

Pour la première fois en Belgique — et le Gouvernement n'a aperçu cette remarquable circonstance (bien, répétons-le, qu'elle fût mentionnée **depuis dix ans** dans le présent livre) qu'au cours de l'expérience acquise par la mobilisation de 1870 —, il a été prouvé que, en fait de contingents de milice, et contrairement aux lois de l'arithmétique :

8 fois 10 000 ne font pas 80 000, mais seulement 64 000 au maximum;

et même que 64.000 *soldats*, c'est-à-dire *hommes en solde*, ne font pas 64 000 combattants, mais 55 000 tout au plus.

Ainsi, 8 classes de milice de 10 000 recrues font 55 000 combattants, les seuls, disait Napoléon 1er et l'a répété depuis le maréchal de Moltke, qui décident la victoire — et non 80 000 comme les bonnes gens de Belgique aiment à se le persuader.

Une seule individualité, le rédacteur d'un journal dont le titre ne nous revient pas en ce moment (ses confrères pourraient aider notre mémoire), s'est rappelé ce calcul en septembre 1870. Il n'a pas eu d'écho.

Dans une autre page de son travail, l'auteur fait ressortir combien sont grandes les difficultés de création, au moment de l'apparence d'une guerre, des États-majors et Services, pour faire, avec les régiments et armes épars, des corps d'armée et des armées. Cette difficulté est insoluble, si l'on est effectivement sur le seuil d'une campagne qui vient s'imposer à l'improviste.

Il cite l'opinion formulée par M. Thiers à propos de la campagne de Iéna.

Sa conclusion est, naturellement — c'est-à-dire dix années avant que des événements imprévus vinssent faire éclater aux yeux la vérité de sa thèse —, que l'endivisionnement DOIT, à tout instant, être un fait matériel sérieux, tangible, capable de fonctionner, d'une heure à l'autre, avec la régularité attendue.

L'auteur termine par un aperçu de quelques moyens propres à renforcer éventuellement l'armée sans obérer les finances, ni entraver les carrières en temps de paix, — et, ainsi, à mettre à profit l'élan patriotique des masses. Les voici :

— Donner des éléments d'instruction militaire aux jeunes gens dans les écoles ;

— Encourager les sociétés de tir ;

— Utiliser la garde civique ;

— Dresser la partie non appelée du contingent de l'armée.

La France, depuis 1870, est entrée dans cette voie. Ce n'étaient donc pas des conseils *bizarres*, qu'il y avait lieu, chez nous, de laisser tomber.

Ce livre renferme également de nombreuses et intéressantes citations.

## XII. — Essai sur la défense et Appendice.

SOMMAIRE : Réimpression en un tome unique des n°[s] I et II ci-dessus.

(NOTA). Quelques articles critiques ont paru à l'occasion de cette réimpression. Je n'ai eu, du reste, en ce qui concerne la littérature étrangère, connaissance que de ceux dont les auteurs ont eu l'amabilité de m'adresser un exemplaire ; ce dont je leur sais un gré profond.

Les critiques regnicoles ont un caractère franchement particulariste, c'est-à-dire visant ma personnalité particulière — et je m'y attendais —, ainsi qu'il est de mode depuis le 18 février 1860. Elles me touchent peu. L'argumentation de ces adversaires peut être ramenée à deux énonciations-TYPES, l'une d'ordre d'instruction primaire ; l'autre d'ordre d'instruction supérieure. Les voici :

1° « Mr Cambrelin semble ignorer que **Terneuzen** n'appartient pas à la Belgique » ;

2° « Dans sa stratégie, il ignore qu'il n'y a jamais eu aucunes rencontres de grandes armées sur les bords de la Meuse ».

Est-ce bêtise ? — ou absence de bonne foi ?

J'ai répondu quelques mots, trop mesurés peut être, dans le numéro du 4 janvier 1885 de la *Belgique militaire*.

Les critiques de l'étranger au contraire, quand elles n'émanent pas d'un correspondant belge, m'intéressent beaucoup, et je les accueille avec le sentiment que provoquent les vues élevées et l'impartialité dont elles s'inspirent. En général du reste, elles sont contraires à certains points de mes théories. Mais je considère qu'elles semblent *oublier* de tenir compte d'un élément essentiel qui implique une différence notable dans la manière dont on doit entendre la défense nationale dans un petit Pays et dans un grand Etat ; *cet élément, c'est précisément la différence de dimensions*.

Il faut, en effet, plus de forteresses dans un petit espace carré de territoire, à un Etat de 5[e] ou de 3[e] ordre, qu'à un Etat de 2[d] ou de 1er ordre. Ainsi, pour me faire bien comprendre et démontrer que je ne suis pas aussi exclusif, aussi entêté qu'on veut bien le prétendre, en fait de forteresses, je dirai que je suis porté à admettre que la Russie, par exemple, pourrait se passer totalement de forteresses, pourvu qu'elle ait, aptes à se mettre en campagne, deux armées convenablement outillées : l'une de front, l'autre de flanc. Elle n'a qu'à installer ses arsenaux, ses magasins, ses dépôts, ses manufactures, etc., dans l'**Oural**, puis, quand l'ennemi apparaîtra, opérer, en reculant dans la direction de **Yakhoust** à partir de la Vistule.

Cette ressource de la distance, qui est le dissolvant par excellence des armées d'invasion, échappe aux petits Pays.

## V. — Conférence sur les Reconnaissances militaires (I° partie).

## XI. — Même objet (II° partie ou Complément).

Sommaire : Des reconnaissances, découvertes, etc., etc.; leur objet et leur utilité. — Manière d'opérer en marche, en avant soit d'une, soit de plusieurs colonnes. — Conditions que doit remplir un rapport, pour être pratique. — Carnet de campagne, et outillage d'un Bureau-à-cheval pour la correspondance et les comptes-rendus à établir. — Exemple d'une reconnaissance de route.

*Résumé de V.* — En 1870, l'auteur avait été, avec le grade de capitaine, chef d'état-major de la 1ʳᵉ division mobilisée. Ayant eu, ainsi, l'occasion de constater l'insuffisance de bien des choses, il s'était préoccupé, après le retour au pied de paix, de ce qu'il importait de faire pour y remédier.

Nommé chef d'État-major d'une division de cavalerie (la 2ᵉ) en 1872, il se promit de tâcher de mettre en pratique quelques-uns des résultats de ses réflexions.

Mais ce n'est pas chose facile.

Il s'efforça pourtant de mettre ses vues à l'essai dans le corps de troupes auquel il était attaché, sous la forme d'une *instruction* à ces corps. Cette instruction est devenue le présent livre.

Le but de cet écrit est de mieux caractériser, dans l'esprit de l'homme *en reconnaissance*[1] la direction scientifique à donner aux recherches, et quel programme invariable il lui importe de se façonner pour rendre sa course et ses fatigues profitables à l'existence et à la gloire de l'armée

[1] Nous voudrions être autorisé à dire : du *reconnaisseur*.

qu'il éclaire. C'est le développement des idées et de la méthode que l'auteur avait appliquées à la confection de ses reconnaissances personnelles faites pendant la mobilisation de 1870 — et qui lui avaient valu cet éloge du général Thiebauld commandant de la Division : « Je ne vois « clair que dans votre rapport; les autres sont indigestes, inintelligibles « et me font perdre mon temps. » — Les généraux Pouchin et Dupré se prononcèrent non moins avantageusement, dans une autre circonstance professionnelle.

En même temps, l'auteur décrit certaines parties d'un « Bureau-à-cheval », d'absolue nécessité aujourd'hui, dont il a senti lourdement la privation en 1870, et qu'il s'est créé, de toutes pièces, dès son retour en garnison en 1871. MM. les généraux Thiebauld et Libois en auraient pu témoigner.

Les Français n'étaient, du reste, pas mieux outillés que nous, en 1870. Quant aux Prussiens, c'est par la publication, en 1872, de leur réglement de campagne que l'on sut que, chez cette prévoyante nation, quelque chose d'analogue à ce que l'auteur venait d'imaginer existait *depuis longtemps*.

Plusieurs des éléments de ce Bureau-à-cheval furent mis en usage, officiellement, au camp de Beverloo en 1872 par ordre du commandant en chef, le général Thiebauld, le même qui devint Ministre de la guerre peu d'années plus tard.

Le livre termine par l'exemple de la reconnaissance d'un défilé des plus remarquables qu'il soit donné de concevoir, et que l'on peut considérer comme didactique : celui d'Aerschot.

*Résumé de XI°* — Ce second livre est le développement des recommandations précédentes, et le redressement d'interprétations erronées qui s'étaient établies au sujet des théories exposées dans le premier.

## IV. — De l'État-major en Prusse, etc.

## VI. — Le Généralat, les armes spéciales, etc.

Sommaire : Comme sous le Premier Empire, c'est l'instruction qui produira les meilleurs généraux, à l'exclusion des officiers qui sont purement troupiers et braves et rien de plus. — L'instruction, et le jugement dont elle dépend, ne peuvent se constater que par le moyen des fortes études. — Pour attirer les intelligences de ressource, d'élite, il faut donner un avancement exceptionnel à ceux qui auront parcouru les épreuves jusqu'au bout. — Organisation proposée pour atteindre ce but.

*Résumé d'ensemble.* — La réorganisation de l'État-major était à l'ordre du jour dans toutes les armées (sauf celle de Prusse naturellement). Mʳ « Stab » crut devoir apporter quelques matériaux à l'étude de cette question.

En général, l'auteur pense que l'adage est toujours vrai qui dit : « Tant vaut l'homme, tant vaut l'institution », et que ce n'est pas la lettre de l'institution qui accroît les mérites personnels de chaque individu.

En somme, l'intérêt de l'armée et du pays est d'arriver à *distinguer, d'entre la foule,* les hommes éminents, ou ayant tout ce qu'il faut pour le devenir si on leur prépare les voies — c'est-à-dire possédant *instruction,* ÉDUCATION et JUGEMENT, en un mot une valeur positive.

Pour le faire, il n'existe pas, à l'âge actuel du monde, de meilleur moyen que l'émulation.

Mais l'émulation doit être excitée par un but tangible : l'avancement. C'est ce que l'auteur, à l'instar du Colonel Stoffel, indique comme étant « la voie à préparer. »

C'est par l'élimination à l'aide d'épreuves, que l'on doit opérer. Chez les anciens, on agissait de même. Seulement les épreuves étaient musculaires. Achille et Ulysse étaient très-forts.

A notre époque elles sont intellectuelles.

Les Prussiens paraissent avoir réalisé le problème.

En quelques autres pays on a été moins heureux qu'eux ; on les aurait mal imités parce que l'on aurait trop sacrifié, semble-t-il,

— théoriquement : aux clameurs des officiers qui n'accordent de valeur qu'au serviteur *buchant* toute son existence dans le rang (au nombre desquels ils se comptent ou *feignent de se compter*) et qui

revendiquent, sans trève, que l'on choisisse les plus capables d'entre
ceux-là (*c'est-à-dire eux leurs avocats*);

— pratiquement : à l'engouement, quelque peu féminin, pour tout
ce qui a des titres et de l'élégance affectant la personne, rapportant au
corps (« *animal* », Quinte-Curce) et non à l'intelligence (« *anima* », Tacite)
l'expression de « distinction académique ».

Il y aurait, selon « **Stab** », beaucoup à améliorer chez nous, dans les
institutions régissant la préparation aux fonctions d'État-major. Sans
entrer dans une controverse de détails, il se borne à développer les vues
dans lesquelles ces améliorations devraient être faites.

A leur sortie des épreuves imposées, les officiers que l'on aura distingués, seront classés, selon mérites, en groupe effectif (ou corps
d'État-major) et groupe transitoire (ou corps des adjoints), dont l'ensemble, objet de l'attention de tout le monde, constituera une riche pépinière
de laquelle, dans l'avenir, sortiront les chefs d'armée.

Mais il importe que le service que l'on exige d'eux soit empreint d'intelligence, et de considération pour leur personne.

---

## VII. — Port de Nieuw-Antwerpen près Heyst (Iʳᵉ partie), etc.

## VIII. — Même objet (IIᵉ partie ou Complément).

Sₒₘₘₐᵢᵣₑ ᴅₑ **VII** : Considérations politiques. — Influence des courants fixes
et des marées sur l'état des côtes. — Idem des polders sur la conservation des
ports en eau trouble. — Considérations géognésiques influant sur la viabilité des
ports. — Conclusion. — Détail du port.

Sₒₘₘₐᵢᵣₑ ᴅₑ **VIII** : Réponse à des critiques. — Brise-lames flottants. — id. fixes. — Remorque sur les canaux. — Remplissage et vidange
des grands sas.

*Résumé*. — Il s'agit ici de la création, de toutes pièces, d'un vaste
port de commerce près de Heyst, pour supléer celui d'Anvers et rendre
le commerce belge indépendant des fluctuations de la politique de nos
voisins les Hollandais, dont nous empruntons le territoire fluvial de
l'Escaut. C'est une grandiose proposition, dont la possibilité de réalisation
est démontrée par une étude, faite aux points de vue géognésique et

hydraulique, du vaste estuaire maritime des bords de la mer du Nord, dont la Belgique occupe un point.

Ce port serait rattaché au Rhin, etc., par une ligne double de canal et de railway associés.

Les considérations géognésiques méritent, a dit à l'auteur un des membres les plus distingués de notre Académie des Sciences (M<sup>r</sup> P. J. Van Beneden), une attention particulière.

Ces travaux sur les ports de mer ont été, pour l'auteur, l'occasion de développer des propositions spéciales dont la première, encore manuscrite, sera sans doute imprimée quelque jour — et dont les deux dernières ont reçu l'existence publique par voie de prise de brevets. Ce sont :

— Un brise-lames flottant pour la défense des rades foraines et des têtes de chenal ; voyez ce qui en est dit au § XIV ci-après.

— Un procédé de remorque sur les canaux, par le moyen de locomobiles sur railway.

Cette proposition, communiquée à un ingénieur résidant en Belgique, par un de nos amis, le lieutenant-colonel Ruwet, fut portée dans un pays voisin, dès 1877, où il lui fut fait bon accueil, mais sous le couvert d'une autre paternité.

— Enfin un ventail à manœuvre hydraulique pour les portes d'écluse ou les carneaux, en vue du remplissage et de la vidange rapide des sas de grandes dimensions.

---

## X. — Port de Gris-Nez, sur le Pas-de-Calais, etc.

SOMMAIRE : Port militaire et de commerce, avec camp retranché.

C'est une idée originale et féconde, qui consiste à couper le terrain du cap Gris-Nez par un large canal, dans le lieu de sa plus grande dépression. Le cap devient une île, séparée du continent par un bras de mer artificiel de 500 m. de largeur, lequel forme une rade méditerranée de plus de 5 kilomètres de longueur, ouverte à ses extrémités vers Boulogne et Calais. L'entrée et la sortie du port sont donc libres par tous les temps, quelle que soit la direction du vent.

En développement des bassins, des quais et des docks, ce port ne le cède ni à Amsterdam ni à Anvers. Il sera port de guerre mais aussi port de commerce. L'île, sorte de bastion défensif ou de brise-lames fixe, commande le détroit jusqu'à l'horizon, et les deux débouchés.

Un camp retranché immense, inexpugnable, peut être créé en avant vers le Sud-Est, en vue de favoriser des mouvements d'armée, par l'Océan, de Bordeaux à Lille, en cas du renouvellement d'évènements analogues à ceux de l'année 1870.

Certes ce projet de port eût frappé Napoléon I⁰ʳ. Ce génie sans égal se fût emparé de l'idée et l'eût réalisée sur l'heure, en 1803, lors de l'organisation de son camp de Boulogne, triplant ainsi les chances de succès de l'expédition qu'il méditait contre l'Angleterre. Ce qu'il a exécuté à Cherbourg montre ce qu'il eût fait à Gris-Nez.

---

## XI. — Cavalerie et forteresses, etc.

Sommaire : Dispersion de la cavalerie en vue de couvrir le ralliement des réserves à l'approche de l'invasion. — Couverture, par la cavalerie, de l'armée ralliée. — Conclusion : force de cavalerie nécessaire à la Belgique pour réaliser aujourd'hui le plan éventuel de mobilisation.

Du réseau territorial défensif (forts d'arrêt et forts de position) ; éléments qui en déterminent la constitution.

De la littérature militaire. — Education de la cavalerie dans l'utilisation tactique nouvelle, de cette arme, d'après des citations d'écrivains modernes hautement estimés.

*Résumé.* — Dans un petit pays, la question capitale est de se créer les chances d'un prompt et complet ralliement, à l'instant (qui, aujourd'hui, survient avec un imprévu foudroyant) du danger, des forces disséminées sur tout le territoire, en opposant à l'ennemi une résistance pied-à-pied efficace.

A cette fin, deux agents d'action sont indispensables : — l'un, la cavalerie légère qui, « œil et oreille », non seulement reconnaisse et avertisse, mais encore retarde les progrès des détachements ennemis, et protège nos garnisons et nos miliciens en marche vers le lieu du rendez-vous ; — l'autre, des forts secondaires, pour intercepter les voies de communication pendant une durée de temps convenable.

La Belgique ne possède de l'un qu'un effectif insignifiant ; de l'autre, rien.

Le livre dont nous nous occupons ici développe la tactique à suivre par la cavalerie pour remplir le but. De cette étude résulte la force approximative, en sabres, nécessaire.

14

Il décrit en outre le réseau de forts d'arrêt propre à réaliser l'interception des voies pavées ou ferrées; c'est dans le voisinage des points où les voies se croisent que cet objet doit être obtenu. Ces points sont habituellement des localités de quelque ressource, anciennes places secondaires.

Incidemment, l'auteur trace le mode d'éducation à suivre pour le dressage des troupes à cheval, d'après des auteurs d'un très-grand mérite, dressage qui, en ce moment, époque de transition dans les organisations militaires, procède d'habitudes et de coutumes qu'il importe de réformer.

---

## XIII. — Fortification de l'Avenir.

SOMMAIRE : Insuffisance, en présence de l'artillerie moderne, des anciens procédés de fortification en tant qu'appliqués aux forts isolés. — L'escarpe doit être rendue indestructible. — Les feux de flanquement également. — La circulation sur le terre-plain doit être totalement à couvert.

Propositions pour réaliser ces trois *desiderata*. — Escarpe tubulaire ; idem en arcades ou arceaux. — Caponnière et casemates flanquantes dérobées aux vues du dehors, tant en site élevé ou sec qu'en site bas ou aquatique. — Masques pour mousqueterie. — Dispositifs divers.

---

## XIV. — Brise-lames flottants.

SOMMAIRE : Utilité de protéger, contre les effets de la mer houleuse, l'ouverture des chenaux exposés. — Id. des rades ouvertes. — Proposition d'un brise-lames flottant, insubmersible, forme bouilleur des machines à vapeur, réalisant cet objet.

Lors de sa présentation en 1875 et au cours des années suivantes, on l'a déclaré irréalisable. Or, depuis, des ingénieurs, qui ne manquent pas d'audace, ont proposé de jalonner l'Atlantique de stations de secours et télégraphiques, fixes, permanentes. C'est donc encore bien autre chose, techniquement, que notre projet! Et cependant l'on est généralement porté à en admettre la possibilité d'exécution.

Mais notre brise-lames, alors!

---

ADDITAS A QUELQUES PARTIES DU TEXTE DES PUBLICATIONS
PRÉCITÉES.

Le lecteur les transportera dans les livres qu'ils concernent.

———————

### III. — Camp retranché d'Anvers, etc.

1° *Verso du faux-titre, en regard du titre ; ajouter :*

Nombre de lecteurs (ou se disant l'être) nous ont reproché de n'avoir
pas écrit **avant** la présentation aux Chambres, du « Projet de la
fortification d'Anvers » — *et de ne l'avoir fait qu'après.*

Ces farceurs n'avaient donc pas lu l'*Essai sur la défense de la Belgique*
etc. de 1858, — ni même le présent *Camp retranché d'Anvers* (dont ils
critiquent la tardivité), puisque leur religion se fut trouvée éclairée à
la page 105, ou dès la page 23, et même dès la page 6.

2° *Titre ; ajouter le sommaire suivant :*

Discussion sur la position d'Anvers ; — idem sur celle de
Namur ; — sur les forteresses en général ; — sur le contingent et
ses déchets annuels ; — sur l'endivisionnement permanent ; — sur
l'armement général.

3° *A intercaler entre les pages* 5 *et* 7.

AVERTISSEMENT. — Ce livre est la suite et la conséquence d'un livre précédent, dont le titre est : « *Essai sur la défense de la Belgique*, 1858 »
(Librairie polytechnique A. Decq, Bruxelles).

L'impression que l'on reçoit de sa lecture quand on n'est pas au courant
des faits, est celle d'une grave atteinte à la discipline, commise de propos
délibéré et sans aucune raison bien apparente autre que le caprice ou la
vanité peut-être.

A l'égard de l'atteinte à la discipline[1], je passe condamnation ; elle est flagrante. Aussi m'attendais-je à être frappé, — et je l'ai été en effet, trop durement peut-être.

Quant à la raison de l'acte que j'ai posé, elle n'a rien que de hautement justifiable et, aujourd'hui encore, je n'ai pas à la désavouer. La voici :

La situation de la Belgique, qui travaillait à enfanter le complément de son organisation militaire, était des plus sérieuses. En effet, un **système territorial de défense** (connu dans le public sous l'appellation de : *Fortifications d'Anvers*), qui me paraissait erroné dans son principe, avait prévalu devant les Chambres et était sur le point d'être mis à exécution.

Sans doute, quand les trois Pouvoirs de la Nation ont prononcé, chacun doit s'incliner, se soumettre. Telle est la règle. — En théorie, c'est incontestable, *quant à tout ce qui est fonctionnaire ; ce l'est moins pour les citoyens purs*. Mais, dans la pratique, il peut se présenter (bien rarement il est vrai) des circonstances où la règle doit s'effacer devant l'exception, et où le fonctionnaire lui-même *a le devoir de faire entendre sa voix*. Tel est le cas, par exemple, où, de sa parole ou de son silence, peut dépendre l'accomplissement d'un acte salutaire, ou funeste, au pays.

Qui, par exemple, en Russie — pays d'une inflexibilité presque féroce, prétendent quelques écrivains de l'occident, sur le point d'autorité —, n'a pas applaudi à l'acte posé à Sébastopol par le capitaine du génie Todleben[2]! La leçon a sa grandeur !

---

(1) Telle, du moins, qu'on entend généralement celle-ci. Et, en effet, une ligne de démarcation est difficile à tracer, en pratique, entre la critique respectueuse et **néces-saire** et une tendance systématique ou occasionnelle au dénigrement ; c'est affaire de jugement et de droiture chez l'homme qui tient dans ses mains le *pouvoir de frapper*, et ce jugement est influencé par les effluves politiques, et *autres circonstances*, du moment. A tel point que, pour deux faits identiques se plaçant à deux époques nettement distantes l'une de l'autre, le même personnage pourra prendre — toujours loyalement sans doute — deux résolutions directement contraires.

Ainsi peut s'expliquer la rigueur **excessive** déployée en février 1860 à mon égard — et l' « indulgence » ou « modération » non moins **excessive** apportée en février 1882, dans un cas *tout au moins* analogue.

Marmont l'avait déjà signalé avant nous.

(2) Autre exemple ; celui-ci de Napoléon « le despote ».

Un général doit-il livrer bataille quoi qu'il en soit, c'est-à-dire alors qu'il en a reçu

Ayant prôné, dans la publication rappelée ci-dessus (*Essai sur la défense de la Belgique*) **antérieure à la présentation du projet du gouvernement**, un système que la dicussion publique qui venait d'avoir lieu *semblait* avoir contredit avec succès, il m'avait paru — et il me paraît encore — qu'il était d'obligation pour moi, *dans l'intérêt de ma patrie non moins que dans l'intérêt de la vérité scientifique*, de faire ressortir que les arguments énoncés en faveur du système qui avait prévalu, militaient au contraire résolument en faveur du système écarté, c'est-à-dire en faveur du système que j'avais préconisé, savoir : **La ligne stratégique Sambre-Meuse** [1].

Tactiquement, je n'ai rien à objecter à la forteresse d'Anvers, qui est devenue une des places militaires les plus remarquables de l'Europe. J'ajouterai que les travaux construits font le plus grand honneur aux Ingénieurs qui les ont combinés. Mais stratégiquement, les choses demandent à être envisagées d'une autre façon et le livre que je présente ici n'est que la confirmation de la démonstration que j'avais faite en 1858.

Pouvant être appelé un jour à défendre mon pays l'épée à la main, **je devais oser le défendre aussi la plume à la main**, en m'efforçant, dans la publication nouvelle actuelle (*confirmative de la première*), de faire la lumière sur un système territorial que j'estimais, et que j'estime encore, être conseillé par les principes militaires. Là est ma justification.                                   1862 — L'auteur

---

l'ordre *formel* et bien qu'il apprécie, par toutes sortes d'éléments positifs, qu'un désastre sera vraisemblablement le résultat *de cet acte d'obéissance?*

« La question de *désobéissance* est, dans des circonstances multiples, fort sujette à
« controverse, dit Napoléon. Il n'est pas toujours possible de se prononcer pour ou
« contre, en général. Dans le cas spécial ici envisagé, il y a lieu de résoudre par l'affir-
« mative. » (*Mémoires du Général Montholon*, écrits à Sᵗᵉ Hélène sous la dictée de l'Empereur, T. III, p. 312 à 322).

Et cependant Napoléon était un monsieur qui ne badinait pas !

(1) La réfutation en était impossible. J'en exprime la confiance page 14 du texte. Je possédais à cet égard, en écrivant, tous mes apaisements scientifiques, — et les évènements postérieurs, tant littéraires* que politiques,** survenus depuis, sont la confirmation du bien-fondé de cette confiance (Note de 1882).

---

* *Travaux de défense de la Meuse*, et autres.
** La guerre franco-allemande et les conséquences qui en dérivent.

4° *Page 15, ligne 6; renvoi à ajouter :*

(1) Mʳ Guillery a fait sérieusement échec au gouvernement, dans la discussion de 1859, et l'émotion a été telle, un moment, que le rejet du projet était devenu imminent. Chacun se rappelle ces circonstances.

Eh bien! C'est à moi seul que Mʳ Guillery doit la *notoriété militaire* qu'il s'est acquise.

5° *Le commencement de la page 23 doit être refait comme suit, jusqu'à la ligne 17 incluse.*

Préalablement, et afin de nous justifier, par anticipation, du reproche, que l'on ne manquera pas de nous faire, *de venir présenter des idées* **après** *coup et de ne rien avoir proposé* **avant**, nous pensons qu'il peut être utile de reproduire dans ces pages, *sous forme de résumé ou de sommaire,* la partie intéressante d'un écrit que nous avons publié en 1858 (*Essai sur la défense de la Belgique, par un Belge;* librairie polytechn. A Decq) sur le même sujet, en éliminant tout ce qui n'a qu'une liaison indirecte avec la question actuelle.

Ce travail de 1858, que nous croyons nécessaire de rappeler, comportait l'étude du *plan de campagne que se proposera l'ennemi* pour exécuter son invasion. La conception de ce « plan » et sa divulgation par tous les ressorts de la publicité, n'est ni une indiscrétion, ni un acte antipatriotique, puisque tout homme de jugement est, aussi bien que nous-même, en état de le comprendre, et puisque, d'ailleurs, il se trouve détaillé tout au long dans les auteurs qui ont écrit sur les invasions de la Belgique, passées ou futures. Enfin, en quoi y aurait-il trahison à crier : *Garde à vous; voilà le pont d'or que vous faites à l'ennemi!*

Du plan de campagne à tenir par l'ennemi résulte, tout naturellement, le *plan de défense à lui opposer,* parce que, quoiqu'ait dit certain personnage regnicole « plus papiste que le pape », le meilleur plan de défense doit être la contre-partie du plan d'opérations de l'agresseur. Napoléon, est, du reste, de cet avis : « Attachez-vous, dit-il, à ne pas faire ce que veut l'ennemi, par « la raison qu'il le désire » (*Maximes de guerre de Napoléon*).

*Ce résumé ou sommaire,* que nous ferons aussi succinct que possible (voir ci-dessous), viendra grandement en aide au lecteur pour l'intelligence, et du passé de nos propositions, et de la défense que nous allons en présenter, contre les arguments développés aux Chambres. Il est

rédigé en suivant l'ordre de pagination du livre de 1858, lequel correspond, du reste, à l'ordre que nous y avons suivi dans notre démonstration
de la *ligne stratégique Sambre-Meuse.*

Enfin, *ce résumé ou sommaire* terminé, nous aborderons la discussion
de tout ce qui a été dit, au point de vue militaire, en faveur du camp
retranché d'Anvers et contre la fortification de la Meuse, dans le cours de
la session extraordinaire de 1859 de la Chambre des Représentants.

Sommaire *de l'Essai sur la défense de la Belgique, par un Belge,* publié
en 1858, — ou Résumé de l'argumentation suivie dans le dit écrit pour démontrer qu'il est possible, contrairement à l'opinion exprimée dans un rapport du
gouvernement, daté de 1858 (V. Annales parlementaires session juillet-août,
page 1057); de « ramener le système de défense du pays à une formule
simple et invariable » *

. . . . . . . .

*(Toute la suite de cette page 25, depuis la ligne 18, et la totalité des pages 24, 25,
26, 27, 28, 29 et 50, doivent être considérées comme étant composées en petit texte).

## 6° *Page 27; ajouter au renvoi :*

C'était positivement le cas du 8ᵉ de ligne, qui fit étape à Namur venant
de Givet. Ce fait nous a été révélé par Mʳ le docteur Cambrelin père *,
témoin oculaire.

* (Mʳ Cambrelin : né en août 1793, mort en mars 1881, ancien officier de santé sous le
Premier Empire, attaché à l'un des corps de l'armée de Sᵗ Cyr à Dresde, en 1813;
médecin civil à Namur, après 1817).

## 7° *Page 29; au renvoi, lire :*

un orateur, Mʳ Malou, etc...

## 8ᵉ *Page 40, ligne 20; lire :*

grosse artillerie, au lieu de : grosse cavalerie.

## 9° *Page 64, lignes 30 à 35; renvoi nouveau à ajouter :*

(1) « Le maréchal Sᵗ Cyr n'a jamais cherché un moment favorable pour
« marcher sur Leipsig. Malgré les sollicitations les plus instantes de ses
« généraux, notamment du général (depuis maréchal) Gérard, il s'y est
« constamment refusé, opposant les ordres qu'il avait reçus de garder la

« capitale de la Saxe » * (Note du docteur Cambrelin père qui, après la
capitulation, subit, avec tous ses compagnons, un internement de près
d'un an, en Hongrie, comme prisonnier de guerre).

* Cette rectification à des assertions d'historiens a son importance pour l'appréciation
des évènements. Quant au jugement à porter sur les acteurs, il faut reconnaître que
St Cyr tenait incontestablement la ligne droite; il est donc irrépréhensible de ce chef.
D'autre part, c'était à bon droit que les généraux, ses lieutenants, se laissaient dominer
par le pressentiment d'un cataclysme imminent, que de nombreux avertissements
décisifs, récents, faisaient trop facilement prévoir et qu'il fallait tâcher de conjurer par
la concentration de toutes les forces au canon. Dans ce cas très extraordinaire, le résultat
d'une irrégularité eût certes été favorable. *La fin eût justifié les moyens*, comme le dit
l'adage.

### ADDITUM NOUVEAU,

dont la matière (hasard vraiment providentiel) nous est fournie
ce 6 Juillet, au dernier moment du brochage de notre livre.

*Ajouter en P. S. du 5° des* ADDITAS *concernant le* Camp retranché
d'Anvers, *page* 205, *ce qui est ci-dessous. Ce P. S. viendra donc
après la ligne 25° de la page 207.*

P. S. de Juillet 1885. — Voici ce que pense l'amiral SIR GEORGE
ELLIOT à ce même sujet. Et il ose l'écrire, sans paraître redouter quoique
ce soit pour les armées anglaises, de la diffusion de ces théories; ni
pour lui-même, des vues opposées peut-être de son Gouvernement.

« On dit que les officiers de la flotte serviraient mieux en ce moment
« les intérêts de leur corps, *s'ils s'abstenaient de toute critique.* J'estime,
« au contraire, pour ma part, QUE CHACUN A LE DEVOIR D'IN-
« DIQUER SON AVIS. Le silence ne peut que nous conduire à des
« désastres, en perpétuant un état de choses fait pour mettre en
« péril l'existence même de la nation. » (*Future naval battles = les
batailles de l'avenir =, by admiral sir George Elliot, K. G. B. 1 vol.
gr. in-8°. London, Sampson Low*).

## VI. — Le Généralat, etc.

1° *Titre; ajouter en épigraphe :*

« C'est le devoir de chaque brave officier de connaître la guerre avant
« de la faire, et de s'appliquer ensuite à mettre sa science en pra-
« tique. » (*Instruction secrète* de Frédéric II, ch. : XVI).

2° *Page 7; ajouter le renvoi ci-dessous au paragraphe se terminant
ligne 28 :*

(1) « Quand j'étais à Tilsitt avec l'Empereur Alexandre et le Roi de
« Prusse, j'étais le plus ignorant des trois en affaires militaires. Ces deux
« Souverains, surtout le Roi de Prusse, étaient parfaitement au fait du
« nombre de boutons que devait avoir un habit, combien devant et
« derrières . . . . . . Je ne pouvais lutter avec eux.
. . . . . « A Jena, l'armée prussienne exécuta les plus belles et les plus
« brillantes manœuvres; mais je mis bientôt fin à ces *coglionerie*\*, et fis
« connaître la différence qu'il y a entre exécuter de belles manœuvres,
« porter des uniformes corrects, etc., et savoir se battre.
. . . . . « Les victoires dépendent plus de l'habileté du général qui com-
« mande l'armée que du talent du tailleur qui fait les vestes. » (*Napoléon
en exil*, par le docteur O' Méara, T. II, p. 261 ).

\* En français se rend par une expression populaire, non académique, offrant une
résonnance assez semblable au terme italien.

3° *Page 14; renvoi à ligne 21 :*

(1) « Nous croyons en avoir dit assez pour prouver que . . . . . c'est
« bien le *service des officiers d'État-major* qu'on peut considérer comme
« **la véritable école des généraux en chef.**
« . . . . . nous devons toutefois ajouter qu'il faut que les sujets destinés
« à parvenir à un si haut rang arrivent à cette école avec les qualités
« *naturelles et acquises* qui sont préalablement nécessaires. Ce n'est pas
« celui qui ne fait qu'apprendre, mais bien celui qui médite et réfléchit
« sur ce qu'il a appris, qui acquiert véritablement de l'expérience.
« . . . . . nous répétons que la meilleure école se trouvera toujours
« dans les fonctions élevées des Adjudants-généraux et dans le service

« des officiers d'État-major. » (*La petite guerre*, par le colonel von Decker, traduction de Ravicchio de Peretsdorf, maréchal de camp, pages 414, 415 et 416; Bruxelles 1858).

4° *Page 27; renvoi à lignes 17 à 20 :*

(1) « Mais laisserons-nous dans l'oubli le nom de cet homme distingué,
« qui, par sa sagacité et ses talents, fut, pendant cette campagne, l'âme de
« toutes les délibérations et le moteur de la plupart des résolutions fruc-
« tueuses adoptées par le maréchal Koutousoff? L'on comprend bien que
« nous voulons parler du quartier-maître (chef d'État-major) général Toll.

« Le service de l'Etat-major, si important et si pénible, est d'autant plus
« ingrat qu'il s'exerce dans le secret du cabinet. Le Chef de troupe qui
« conçoit lui-même et exécute, trouve à juste titre sa récompense dans
« l'approbation publique qui suit de belles actions. L'officier d'Etat-
« major au contraire, n'ayant que voix consultative, risque trop souvent
« de voir ses conceptions les plus sagaces altérées ou rejetées par l'igno-
« rance ou l'opiniâtreté; et lorsqu'il arrive que, écartant enfin toutes les
« oppositions, il parvient à ramener les opinions des autres à la sienne,
« il est encore réduit à céder l'honneur et la gloire du succès au chef qui
« consent à faire exécuter ses projets, tandis que lui-même, créateur de
« la pensée, demeure inconnu. » (*Histoire de la campagne de 1812 en
Russie*, par le colonel d'Etat-major Boutourlin, aide de camp de S. M.
l'Empereur Alexandre, T. II, p. 451, Paris 1824).

5° *Page 28; renvoi à ligne 13 :*

(1) « Est-il un homme, un seul, dont le zèle et les facultés résisteront
« à l'épreuve que lui imposent l'exercice prolongé des emplois * subal-
« ternes et l'absence d'initiative.

« . . . . . il importe d'élever la position des chefs d'Etat-major. »(*Spectateur militaire*, année 1869, T. XVIII, p. 184 et 192; titre : « De la réorganisation du corps d'État-major », par un ancien officier supérieur du corps).

* « Emploi ». bien différent de « Grade ». L'on peut, en effet, être revêtu d'un haut
grade et n'être cependant investi que de fonctions subalternes.

6° *Page 28; autre renvoi à ligne 13 :*

(2) « On doit remarquer que le chef d'Etat-major, en Prusse, a des
« fonctions qui se rapprochent beaucoup de celles d'un commandement
« en second, » avec plus d'initiative et d'autorité encore. (Renvoi au bas

de la page 833, 1ʳᵉ colonne, du *Bulletin de la réunion des officiers* du 16 Septembre 1876).

7° *Page 33, ligne 11 :*

Cette citation est incomplète. Ajouter entre les signes : (1) et », ce qui suit : est présomptueuse.

De même compléter le renvoi par les mots suivants : alinea 15.

8° *Page 34; renvoi à lignes 16 à 18 :*

(1) Assez mal tourné, ce paragraphe, qui semble exhaler un grand dédain pour monsieur de Freycinet.

Or c'est ce qui n'est pas. Nous sommes franchement admirateur de MM. Gambetta et de Freycinet pour l'énergie et le talent déployés par tous deux dans la guerre défensive qu'ils ont dirigée.

Les erreurs dans lesquelles ils ont pu verser n'amoindrissent pas leurs mérites. Qui n'en commet pas? Il est du reste aisé, *après les événements,* d'émettre un jugement. Mais quand on est en plein océan des événements, il n'est pas si aisé de bien voir — et de prendre la meilleure résolution, laquelle, presque toujours, doit être instantanée.

Et même, ayant bien vu et pris la bonne décision, si les pions marchent mal ou ne marchent pas!!! Tout devient évidemment mauvais parce que l'on n'avait pas prévu cette circonstance — *qui n'était pas à prévoir.*

Je compare le critique des personnages qui ont apparu dans des cataclysmes politiques semblables, au spectateur dans un hippodrome. Celui-ci, lorsqu'il voit l'homme-trapèze ou l'homme-voltige, manquer son exercice, il s'écrie : « Maladroit! il aurait dû faire ça, puis ça, puis encore comme ça ». — Que monsieur le critique aille donc lui-même sur les barres.

Pour conclure : on voudra bien admettre avec nous que MM. Gambetta et de Freycinet n'eussent su amener en ordre, et d'après les règles, un peloton soit au feu, soit à la parade.

Voilà ce que nous voulions dire — et que nous n'avons pas exprimé*.

*La même pensée se rencontre dans la « *Vie de Napoléon, précédée d'un tableau de la Révolution Française, par Sir Walter Scott* » (Bruxelles, Laurent, éditeur, 1827). L'auteur s'exprime ainsi, tome 2ᵈ page 216, à propos des hésitations des Anglais en présence de la guerre de Vendée, hésitations dont la triste expédition de Quiberon a été le fatal dénouement.

« *La malheureuse expédition de Quiberon... etc.*

..... « *Mais quand on examine après l'évènement une partie aussi compliquée, il est* « *aisé de critiquer les joueurs, etc.... »*

— 214 —

9° *Page 38; renvoi à ajouter ligne 6°* :

« (1) Dans un Etat démocratique et logiquement organisé, l'avance-
« ment doit être simple et procéder de règles qui excluent toute possi-
« bilité de s'écarter de la stricte équité. L'ancienneté en sera la base; le
« choix dans les grades élevés l'exception. Quant à ce choix et à cet
« avancement, ils devront être réglés de telle sorte que chacun sache,
« dès le début de sa carrière, ce à quoi il peut prétendre en vertu de
« ses aptitudes, et ce à quoi il a droit. Ce jour là seulement où les
« institutions seront telles, l'officier aura reconquis sa dignité, la nation
« sa sécurité. Il faut mettre les chefs à l'abri de leurs. . . . . faiblesses
« mêmes. L'armée n'est pas faite pour un ou tel homme, mais pour le
« pays. » (M<sup>r</sup> *de la Tour du Pin*, Ministre de la guerre, à l'Assemblée
nationale, en 1789).

## VII. — Nieuw-Antwerpen. (Tome I<sup>er</sup>).

*1° Page 31, ligne 7 :*

Au lieu de : « amateurs », lire : « observateurs-amateurs ».

*2° Page 37, ligne 16; lire :*

« directives » au lieu de « directrices »; — ce qui n'est pas la même chose.

Le manuscrit portait le premier terme; mais on me le fit remplacer par le second, les dictionnaires ne l'autorisant pas. Je le rencontrai, peu après, dans la *Revue militaire de l'étranger*, rédigée dans le cabinet du Ministre de la guerre de France, notamment à l'année 1876, pages 50 et 105.

Il en est ainsi de bien des mots que, de nos jours, la nécessité fait créer et que l'usage consacre bien avant que les dictionnaires osent les admettre.

*3° Page 64, ligne 23; nouveau renvoi (valant également pour les pages 77, ligne 7, et 106, ligne 18) :*

(1) Pour diverses considérations, nous renonçons, pour notre port projeté, à l'emploi de brise-lames flottants. Nous conseillons décidément des brise-lames fixes, dont la description est donnée au tome second (ou *Réplique* etc.), page 43, L<sup>a</sup> I. Toutefois nous avons produit, en séance du congrès d'hygiène et de sauvetage en 1875, notre modèle de brise-lames flottants, que, malgré les objections présentées, nous croyons être réalisable, ainsi que l'est venu démontrer, depuis, le projet de création de *phare-bouée-station*, dont on propose de jalonner la route maritime d'Europe en Amérique, en pleine Atlantique.

*4° Page 73, ligne 4; renvoi nouveau :*

(2) Nous avons décrit plus complètement une vanne avec ses carneaux, propre à produire le remplissage et la vidange du sas, sans risques pour les navires, dans un espace de temps de 10 à 15 minutes pour les plus grands sas. Pris brevet, procédé plus pratique, pour perpétuer l'exis-

tence d'une chose, que les brochures, qui disparaissent de la surface
de la terre quand elles sont trop minces pour en faire un objet de
bibliothèque.

Tout le système est ménagé dans les bajoyers et se manœuvre par la
force hydraulique.

## IV. — De l'État-major, etc.

1° *Page 56, ligne 15; lire ainsi :*

qui, pour le moins, ont accompli leur 6e année d'études et sont, par conséquent, reconnus aptes à se soumettre aux conditions imposées, par l'art. IV, à ceux qui désirent être admis à l'état-major.

## VIII. — Nieuw-Antwerpen (Tome IId ou Réplique).

1° *Page 10, ligne 11; lire :*

de la demi-circonférence Heyst-Flessingue-Terneuzen-Gand,

2° *Page 46, ligne 27; renvoi à Lⁿ J.*

(2) Pris brevet pour notre système de remorque.

(*Voir suite au verso*).

## X. — Gris-nez (Projet de port au cap).

1° *Titre :*

5e ligne; biffer les mots : « de commerce »;
Entre 5e et 6e ligne intercaler : « à la fois de guerre et de commerce, avec annexion d'un camp retranché. »

## XI. — Conférences sur les reconnaissances etc. (Tome IId).

1° *Verso du faux titre; note à insérer en regard du titre :*

Le texte est de 1878. Les planches ont été renouvelées en 1882, comme dernière expression des perfectionnements que nous introduisons dans les éléments de notre Bureau-à-cheval (en voie d'organisation depuis 1871), en attendant que l'on puisse sans danger simplifier ces modèles, ce qui sera l'instant où les troupes seront suffisamment *imprégnées d'instruction.*

(*Suite du recto*). (VIII. — Nieuw Antwerpen).

3° *Page* 50, *ligne* 9 *du renvoi*(¹); *lire :*

à piquer de distance en distance,

4° *Page* 57, *ligne* 10; *renvoi à ajouter :*

Semblable travail fut déjà exécuté en 1256, où la Lieve fut menée à l'Escaut. (*Le canal de Selzaete*, page 14, par Mr le chanoine Andries, membre du Congrès National).

## IX. — Cavalerie et forteresses.

1° *Page VII, ligne 3e, fin de la parenthèse; ajouter en renvoi :*

* *Spectateur militaire français*, année 1876, 2e semestre, 43e vol., pages 171 et suivantes; étude portant le titre : « *Du rôle de l'armée dans les Révolutions, par le Bon Du Casse.* » Cette étude débute par l'insertion du mémoire (inédit) sur les évènements de juillet 1830, à Paris, rédigé par le général comte de Choiseul, chef d'État-major du Maréchal Marmont. C'est ce mémoire que notre remarque résume.

2° *Page 95; complément au renvoi*(1) *:*

« Les places qui commandent les barrières stratégiques, comme les
« camps retranchés; les groupes ou quadrilatères qui commandent toute
« une région, ne sont pas des refuges *et n'ont pas pour objet* **de défier**
« *l'investissement.* Les places peuvent, en cas de nécessité, entrer dans
« les combinaisons du généralissime, mais leur sécurité propre ne doit
« dépendre en aucune façon de la présence d'une armée de campagne.
« *L'alliance de la fortification et des armées* — féconde, comme on l'a
« vu, entre des mains habiles — **peut être une ressource** *mais ne*
« *doit pas être une obligation* pour le commandement. Les forteresses
« permanentes ou improvisées **ne sont point faites pour opposer**
« **une fin de non-recevoir perpétuelle à la bataille qui vous**
« **est offerte;** au contraire, elles *fournissent un moyen de rétablir*
« *l'équilibre rompu*, de ressaisir l'initiative momentanément perdue, de
« reprendre l'offensive un instant différée, **bref, de gagner le**
« **temps nécessaire pour livrer une bataille dans des con-**
« **ditions meilleures,** plus égales, **et, si faire se peut, avec la**
« **supériorité numérique.** Si les forteresses ne doivent pas rem-
« plir ce rôle, elles deviennent, quoi qu'on fasse, infiniment dangereuses,
« et mieux vaudrait les raser. » (*Le rôle de la fortification etc.*, par
von Scherff, dans la *Revue militaire de l'étranger*, n° 466, du
2 août 1879, p. 51).

Il me semble que tout ce que dit cet « *adversaire*(*) *résolu des forte-*

(*) *Revue militaire de l'étranger*, 1879, 1er semestre, page 169, col. 1re, lignes 1 et 2; 2d semestre, page 7, col. 1re, 5e avant-dernière ligne.

*resses* », qui a nom colonel von Scherff, ne diffère nullement *de ce que nous, partisan incorrigible des forteresses,* disons de notre côté. Sans doute, dans ses écrits il n'élabore aucun plan de distribution d'un échiquier de forteresses, à l'instar de ce que nous avons fait, sur une région prise pour exemple avec ses caractères géographiques et politiques propres; mais il énonce quel doit être le jeu d'un semblable échiquier — **qu'il admet exister utilement et nécessairement** — pour la marche fructueuse des opérations de défense. Les forteresses sont, pour lui comme pour nous, « *le moyen de différer la collision jusqu'à ce que* « *l'on soit assez fort, tout au moins, pour espérer que la collision ne sera* « *pas un écrasement* **inévitable.** » (Voir nos écrits dans leur teneur réelle, notamment la conclusion dernière et finale insérée page 9, lignes 20 à 24, de notre livre intitulé : *La fortification de l'Avenir*).

### XII. — Essai sur la défense de la Belgique (Réimpression).

*1° Verso du faux-titre, en regard du titre; mentionner ce qui suit :*

Par l'effet d'une méprise à l'atelier, au cours de l'impression, l'*Essai sur la défense de la Belgique* s'est vu réimprimer sur papier non collé. Il était trop tard lorsque l'auteur s'est aperçu de l'accident.

*2° Titre :*

Au lieu de : « 2me Edition », il eût mieux valu : « Réimpression », ainsi que le portait tout d'abord le prospectus.

*3° Page 78, ligne 17 (correspondant à ligne 16 de page 85 de l'édition de 1858); renvoi :*

(1) Cette idée, toute bizarre qu'elle paraisse, a bien pu exister ainsi qu'on me l'a affirmé. Il y en a des exemples. Voici, entre autres, ce que dit Marmont dans ses *Mémoires* (T. IX, p. 79-80, édition de 1857), au sujet de la forteresse de Josephstadt en Bohême.

« La forteresse de Josephstadt n'est éloignée de Kœnigsgratz que de six « lieues.... C'est un chef-d'œuvre en fait de fortification.... Voici la raison « de la construction de cette place importante, et pourtant inutile vu sa « grande proximité de Kœnigsgratz. Frédéric II avait remporté des avan- « tages éclatants, en ce lieu. On construisit donc, sur le plateau, la place « qui y est aujourd'hui, *uniquement pour empêcher l'ennemi de jamais* « *plus l'occuper.* »

*4° Page 78, entre-parenthèses de ligne 18 (correspondant à ligne 17 de page 85 de l'édition de 1858); renvoi :*

(2) Nous venons (1885) d'en découvrir la trace, fortuitement, dans l'ouvrage : *Histoire de la Captivité de Napoléon à Ste Hélène. Justification du Gouverneur Sir Hudson Lowe* (T. I, page 159), par W. Forsyth, d'après les notes de l'intéressé et des documents officiels (Paris, traduc- tion, 1855).

*5° Page 104; ajouter au renvoi* (1), *ce qui suit :*

« Voir aussi citation n° 100[b]. »

6° *Page* 120; *rectifier comme suit le renvoi* (1) :

*a*) Mettre entre guillemets les huit premiers mots de la 1re ligne, lesquels constituent la citation;

*b*) Au lieu de : 1880; lire : 1879 (Rev. mil. de l'étranger);

*c*) la phrase entre parenthèses : « Nous ne pouvons etc. », eût été mieux en petits caractères.

7° *Page* 125, *ligne* 4 (*correspondant à lignes* 3, 4 *et* 5 *du* 1re *alinéa et au* 4e *alinéa tout entier de page* 132 *de l'édition de* 1858); *renvoi :*

La mort, infiniment regrettable, de l'homme éminent qui eut nom Todleben, a été fortuitement l'occasion où l'on est venu produire la preuve que l'assertion énoncée dans ces lignes était parfaitement fondée. Voyez le 5e alinéa de l'article nécrologique que lui consacre le *Moniteur belge*, dans son numéro du 14 octobre, 1884, p. 4847.

Cette preuve, apportée après un quart de siècle, *avec une grande naïveté*, nous est néanmoins précieuse.

8° *Page* 142; *à intercaler sous forme de* V° B :

V° B — MARÉCHAL MARMONT. MÉMOIRES.

81b. — « Mr Thiers ignore que ce ne sont pas les sentiments révolu-« tionnaires qui nous ont fait triompher de si nombreux ennemis; *ce* « *n'est pas avec leur secours,* **mais malgré eux.**

« ..... Notre résistance d'autrefois est *venue de la faiblesse de* « *l'attaque,* et la Révolution n'a concouru à ce résultat *qu'en engendrant* « *la terreur,* dont la violence accumula lès défenseurs et peupla nos « armées de soldats innombrables. Bientôt l'esprit belliqueux des Français « donna de la valeur à cette agrégation d'hommes, et de bons officiers, « de bons généraux se formèrent promptement. Voilà tout le mystère des « guerres de la révolution, et des succès qui les ont accompagnés, *quand* « *on dépouille les événements de la* **fantasmagorie** *dont on se plaît à* « *les entourer.* Les gens de mon âge se les rappellent, et la jeunesse « d'aujourd'hui, pleine d'erreurs et de préjugés, doit etc. » (*Mémoires du Maréchal Marmont*, Duc de Raguse, T. IX, p. 170.).

9º *Page* 147 ; *à intercaler sous forme de* X⁰ ᴮ.

### X⁰ ᴮ. — O'Méara Napoléon en exil.

**100ᵇ.** — A Sᵗ Hélène, Napoléon, qui certes s'y connaissait, différencie comme suit *le mutin qui ne réussit pas et le mutin qui réussit;* l'un est un rebelle qui mérite la corde, l'autre un insurgé héroïque porteur de toutes les vertus.

(L'empereur et Mʳ O'Méara s'entretenaient de troubles qui venaient d'affliger l'Angleterre) : « Je (O'Méara) répondis que.... les troubles se borneraient aux basses classes et qu'ils se termineraient quand on ferait pendre quelques-uns des mutins. Napoléon a répondu : « Cela peut être,
« M. le docteur; mais vous devez penser que la *canaille*, comme vous la
« qualifiez, forme la masse de la nation; c'est elle, et non pas telle ou
« telle caste, qui la constitue. Quand la *canaille* prend le dessus, elle
« cesse de s'appeler *canaille*, on lui donne alors la dénomination de
« **Nation.** Si cela n'a pas lieu, on fait périr quelques-uns d'entre eux,
« et on leur donne le nom de *canaille*, de *rebelles* et de *brigands*, etc.;
« ainsi va le monde. » (*Napoléon en exil*, par le docteur O'Méara;
Langlet, Bruxelles, 1854; T. II, p. 127, l. 18 à 20).

10º *Page* 147 ; *à intercaler sous forme de* XI⁰ ᴮ :

### XI⁰ ᴮ. — Bᵒⁿ Kervyn de Lettenhove. Publications etc.

**101ᵇ.** — « Don Juan avait conservé ses positions entre Jauche et Tirle-
« mont, lorsqu'il apprit à la fois l'arrivée du duc Casimir et l'agression
« du duc d'Alençon. D'après les bruits qui couraient, les États pouvaient
« former ainsi une armée de 30,000 fantassins et de 14,000 chevaux.
« Les forces de Don Juan étaient bien inférieures à celles qu'il avait à
« combattre; il se retira le 14 septembre (1578) à Bouges (village sur les
« collines de la rive gauche de la Meuse au N. E. de Namur et à un
« millier de mètres de la place), à la jonction de la Sambre et de la Meuse,
« et ordonna d'établir à la hâte un camp retranché *là même où Charles-*
« *Quint avait résolu de se fortifier dans ses guerres* contre *Henri II.*
« Une dernière ressource était prévue dans le cas où cette position
« n'aurait pu être défendue : c'était de se réfugier, comme dans un
« suprême asile, au château de Namur. » (*Les Huguenots et les Gueux*,
par le Bᵒⁿ Kervyn de Lettenhove, T. V; extrait donné par le *Moniteur
belge* du 16 février 1885, p. 708.).

Il est remarquable que, à une époque où les règles de l'art de la guerre étaient loin d'être définies, il se soit trouvé deux hommes de guerre — hautement réputés du reste — pour saisir l'avantage straté-gique d'un **camp retranché** disposé de façon à ménager à l'armée la faculté de marcher offensivement sur les lignes d'opération de l'ennemi, **près de Namur** dont le château devait être le réduit de ce camp en cas de nécessité.

On se rappelle que, déjà sous Louis XIV, on appréciait l'importance stratégique (bien que le mot ne fût pas inventé) de Namur. C'est Delille, historiographe de Louis, et qui suivait son Souverain en campagne, qui le mentionne (Voir citation de notre « *Camp retranché d'Anvers*, » p. 18).

Maintenant nous voici plus haut encore : à Charles-Quint !

11° *Page* 151, *3e colonne; intercaler :* 101^b.

10^e, *ou dernière, colonne; intercaler :* 81^b *et* 100^b.

(En voir les textes ci-dessus, aux n°s 8, 9, 10).

12° *Page* 158, *au bas, dans le renvoi* (1) :

Au lieu de : « L*** », il faut lire « Lavisé », l'abréviation, que rien ne justifie, ici visée donnant lieu à une attribution non fondée. Il convient de rendre à César ce qui lui est dû.

# TABLE DES MATIÈRES DU TEXTE.

Pages.

AVANT-PROPOS . . . . . . . . . . . . . . . . . . . VII à XVIII

PRÉAMBULE. . . . . . . . . . . . . . . . . . . . 1 à 40

CONSIDÉRATIONS GÉNÉRALES SUR LES FORTERESSES de premier ordre et les forteresses secondaires. Rôle des forts de positions (forts d'arrêt et forts
détachés) dans la défense des États; nécessité de les rendre le plus
inexpugnables . . . . . . . . . . . . . . . . . . . 3

RÉSUMÉ DES PROPOSITIONS (Innovations dans le mode de revêtement de l'escarpe
et dans la constitution des dispositifs de flanquement) qui font la matière
de ce mémoire . . . . . . . . . . . . . . . . . . 21

*Revêtement tubulaire.* . . . . . . . . . . . . 25

*Id.* *en arcades* . . . . . . . . . . . . 28

*Caponnière pour sites élevés* et casemates-tunnels . . . 50

*Id.* *pour sites bas* . . . . . . . . . 32

Dispositif ou *Masque pour mousqueterie*, permanent . . 34

Id. *Id.* volant . . . . 56

*Aperçu de la dépense* par face (côté du polygone) de 200ᵐ . 57

MÉMOIRE (proprement dit) — ou développement des innovations susdites, par
l'application aux forts de positions . . . . . . . . . . .41 à 182

CARACTÈRES GÉNÉRAUX DÉTERMINANTS DU CHOIX DE L'OUVRAGE. Tracé, relief
préconisés . . . . . . . . . . . . . . . . . . 45

PROFIL GÉNÉRAL. DÉBLAI ET REMBLAI. ESCARPE ET CONTRE-ESCARPE . . . . 57

Généralités au sujet du déblai, de l'escarpe, du cuirassement . 57

Escarpe. *Revêtement tubulaire.* . . . . . . . . . . 68

Id. *Id.* *en arcades* . . . . . . . . . . 86

Discussion sur le mérite de chacun des trois revêtements en fer : plein,
tubulaire, en arcades, — sous le rapport de la dépense, de la
facilité de construction, de la stabilité. . . . . . . . 107

Contre-escarpe. . . . . . . . . . . . . . . . . 119

DISPOSITIONS POUR LE FLANQUEMENT . . . . . . . . . . . . 121

*Caponnière en site élevé* ou sec . . . . . . . . . 121

*Flancs et Tour* (casemates-tunnels) . . . . . . 134, 158

*Caponnière en site élevé*, particularités . . . (a) . 176

*Caponnière en site bas* ou aquatique . . . . (b) . . 179

*Mâchecoulis* . . . . . . . . . . . . . . (c) . . 160

|  | Pages. |
|---|---|
| ACTION SUR LE TERRAIN EXTÉRIEUR. Organisation du feu des remparts et tracé du parapet . . . . . . . . . . . . . . . . | 139 |
| *Coupole* pour artillerie à barbette. . . . . . . . . . | 141 |
| *Blindage simple* pour artillerie à champ limité . . . . | 150 |
| *Dispositif pour mousqueterie*, permanent . . . . . . | 153 |
| *Id.* volant. . . . . . . . . . . | 158 |
| *Hâchecoulis* . . . . . . . . . . Voir ci-dessus (c). | 160 |
| *Logements, magasins et communications* . . . . . . . | 165 |
| *Armement* . . . . . . . . . . . . . . . . . | 171 |
| *Dispositions diverses*. . . . . . . . . . . . . . | 175 |
| Arceaux de sûreté. . . . . . . . . . . . . . | 175 |
| *Caponnière* en site élevé, particularités. Voir ci-dessus (a). | 176 |
| *Caponnière* en site bas. . . . . . Voir ci-dessus (b). | 179 |
| *Aération* des casemates . . . . . . . . . . . | 182 |
| Choix du métal. . . . . . . . . . . . . . | 183 |
| CONCLUSION. . . . . . . . . . . . . . . . . | 187 |
| ADDITAS . . . . . . . . . . . . . . . . . 190 à 224 | |
| *Notice* concernant les publications antérieures de l'auteur. . . . | 192 |
| *Notes* complétives intéressantes se rattachant à des énonciations produites dans ces livres . . . . . . . . . . . . | 205 |

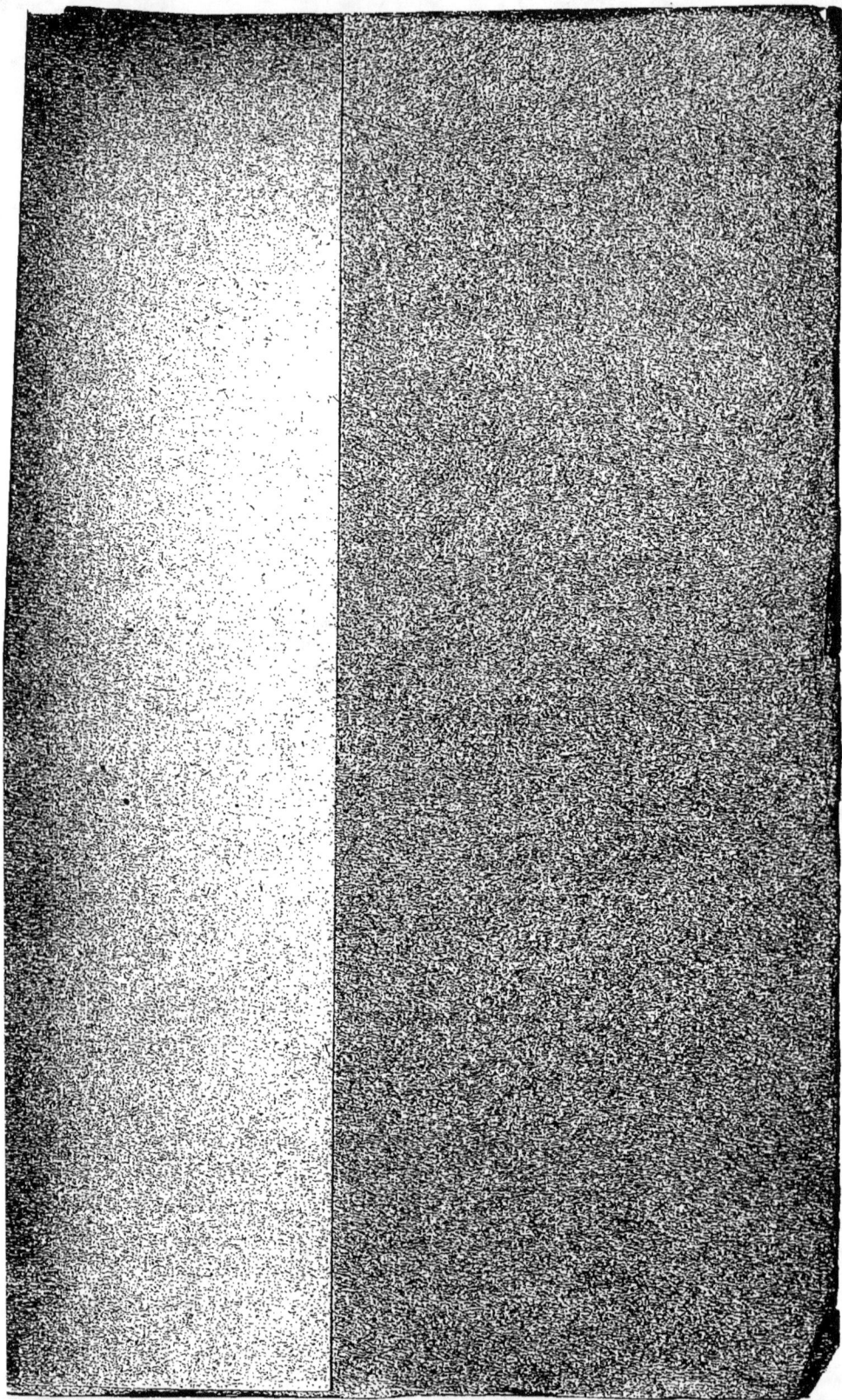

**BERGER-LEVRAULT et Cⁱᵉ, LIBRAIRES-ÉDITEURS**

5, RUE DES BEAUX-ARTS, PARIS. — MÊME MAISON A NANCY.

# GÉOGRAPHIE MILITAIRE

PAR

Le Commandant A. MARGA.

Chef de bataillon du génie

Attaché militaire à la Légation de France aux Pays-Bas, ancien professeur à l'École d'application
de l'artillerie et du génie de Fontainebleau.

PREMIÈRE PARTIE (*En préparation*).

## GÉNÉRALITÉS ET LA FRANCE

QUATRIÈME ÉDITION, REVUE ET CORRIGÉE

*Deux beaux volumes grands in-8°, avec atlas de 133 cartes et plans en noir et en couleurs*

Prix. { Broché . . . . . **35** fr.
{ Relié en demi-chagrin . . **46** fr.

DEUXIÈME PARTIE (*En vente*)

## PRINCIPAUX ÉTATS DE L'EUROPE

TROISIÈME ÉDITION, REVUE ET CORRIGÉE

*Trois beaux volumes grands in-8°, avec atlas de 149 cartes et plans en noir et en couleurs*

Prix. { Broché . . . . . **45** fr.
{ Relié en demi-chagrin . . **59** fr.

*Par autorisation ministérielle, cette très importante publication a pu être mise en vente en
librairie. — Les précédentes éditions n'étaient accessibles qu'aux officiers de l'armée
française, par voie de souscription.*

## MANUEL

COMPLET

# DE FORTIFICATION

RÉDIGÉ CONFORMÉMENT AU PROGRAMME DU COURS

PROFESSÉ

### A L'ÉCOLE SPÉCIALE MILITAIRE

ET AU PROGRAMME D'ADMISSION

### A L'ÉCOLE SUPÉRIEURE DE GUERRE

PAR

**H. PLESSIX** et **E. LEGRAND**

Chef d'escadron d'artillerie.          Capitaine du génie.

*Un fort volume in-8° de près de 700 pages, avec de nombreuses figures dans le texte cartes
et planches hors texte cartonné, en percaline, prix : 10 fr.*

www.ingramcontent.com/pod-product-compliance
Lightning Source LLC
Chambersburg PA
CBHW070815270326
41927CB00010B/2426